职业院校学前教育专业美术与音乐融合教学的研究与实践

ZHIYE YUANXIAO XUEQIAN JIAOYU ZHUANYE
MEISHU YU YINYUE RONGHE JIAOXUE DE
YANJIU YU SHIJIAN

郭敏 著

东华大学出版社
·上海·

内容简介

美术与音乐融合教学是培养学生综合艺术素养的有效途径。通过探索与实践,职业院校学前教育专业美术与音乐融合教学,可以为学前教育专业学生提供更加多样化和丰富的学习体验,能促进其艺术素养和认知能力的发展,还可以提升他们的审美能力、创造能力和想象能力。同时,也有助于培养学前教育专业学生的教学创新能力和跨学科教学能力,使他们在未来的幼儿教育实践中,能够更好地凸显艺术融合课程以美育人、以美化人、以美润心、以美培元的独特育人价值。

美术与音乐融合教学旨在通过将两者有机融合,为学生提供全方位的艺术教育体验。学前教育专业学生是未来的幼儿教师,担负着幼儿的教育与成长,这将关系到国家和民族的未来。美术与音乐融合教学为提高学前教育专业学生的艺术综合素质提供了一条新的途径,这是促进学生全面发展的重要方法,也是实现职前幼儿教师综合素质培养目标的关键。美术融合音乐综合实践课程是一门充满魅力和创造力的课程,需要专业教师具备跨学科的知识和技能,能够创造有趣和富有挑战性的学习环境,并且能够引导学生进行自主学习和探索。可以说,美术与音乐融合教学是一种创新的教育方式,职业院校学前教育专业美术与音乐融合教学的研究与实践,为学前教育专业学生综合素质和教学能力的提升提供了参考和借鉴。

图书在版编目(CIP)数据

职业院校学前教育专业美术与音乐融合教学的研究与实践 / 郭敏著. —上海:东华大学出版社,2023.11
ISBN 978-7-5669-2279-3

Ⅰ.①职… Ⅱ.①郭… Ⅲ.①学前教育-美术教育-职业教育-教材 ②学前教育-音乐教育-职业教育-教材 Ⅳ.①G613

中国国家版本馆 CIP 数据核字(2023)第 209922 号

职业院校学前教育专业美术与音乐融合教学的研究与实践
ZHIYE YUANXIAO XUEQIAN JIAOYU ZHUANYE MEISHU YU YINYUE RONGHE JIAOXUE DE YANJIU YU SHIJIAN

郭　敏　著

责任编辑 / 杜亚玲	
封面设计 / Callen	
出版发行 / 东华大学出版社有限公司	
地址:上海市延安西路 1882 号　邮编:200051	
电话:021-62193056	
网址:http://dhupress.dhu.edu.cn	
印　　刷 / 上海龙腾印务有限公司	
开　　本 / 787 毫米×1092 毫米　1/16 开	
印　　张 / 12	
字　　数 / 300 千字	
版　　次 / 2023 年 11 月第 1 版	
印　　次 / 2023 年 11 月第 1 次印刷	

ISBN 978-7-5669-2279-3　　　　　　　　　　定价:68.00 元

版权所有　翻版必究

前 言

在教育领域,"课程融合"作为一种新的课程理念,是近年来课程改革的趋势之一。在美术教学中融入音乐元素一直是许多教育家研究的课题。随着课程改革的推进,美术教学中融合其他学科的教学手段变得越来越重要。音乐作为一种艺术形式,在美术教学中的融合是一种创新的尝试。

随着社会的不断发展,教育也在不断变革和创新中前行。在当今信息时代,教育领域的发展已经趋向于多元化和跨学科的发展方向,而美术和音乐作为两个不同学科,也可以进行融合教学,以达到更好的教育效果。为了更好地培养学生的综合素质和创新能力,不少学校开始尝试将不同学科进行融合,实现跨学科教学,其中,美术和音乐的结合尤为常见。美术融合音乐教学的策略具有可操作性和丰富性,能够激发学生的学习兴趣和创造力,增强学生的综合素质和批判性思维。

美术与音乐,这两种艺术形式有着许多共同之处。虽然它们在外在形式和表现方式上有所不同,但从心理动力学的角度来看,它们存在着许多相似性。这些相似性包括:创造力的激发、情感的表达、认知的启示以及对人类行为的影响。首先,美术与音乐都激发了创造力。在美术表现中,需要用线条、色彩、构图等元素来表现自己的创意和感受。在音乐创作中,作曲家需要用旋律、节奏、和声等元素来表达自己的思想和情感。无论是美术还是音乐,都需要创作者发挥自己的想象力和创造力,从而产生出独特的艺术作品。其次,美术与音乐都是情感的表达方式。美术与音乐在表达情感方面有着无限的可能性,因为艺术作品中蕴含喜悦、悲伤、愤怒、恐惧等各种情感。再次,美术与音乐都可以启示人们的认知。美术作品中的色彩、线条、造型等元素可以启发人们的思考。音乐中的旋律、和声、节奏等元素也可以引发人们的思考和想象。艺术作品中的信息和意义可以超越语言和文字,通过感性的方式引导人们去思考和理解。

美术与音乐是两个不同的艺术领域,两者在表达情感和思维方面具有共通性,同时也可以互相促进,互为补充。美术与音乐的融合教学,可以通过多种方式实现。其中,最为常见的方式是在美术课上引入音乐元素，让学生在欣赏音乐的同时，进行美术创作。在这种教学模式下，音乐成为了美术创作的灵感来源，能够激发学生的创造力和想象力，使学生更加自由地表达自己。其实，美术与音乐的融合教学，是一种以"生活"为主题，以"多元感知、多元表现"为特点，以美术和音乐为主要表现形式的教学活动。其理念是将美术与音乐两门艺术课程进行有机融合，通过视觉、听觉和情感等多维度的感知，让学生在创作中感受艺术的魅力，同时也培养学生的审美观和创新能力。美术与音乐创新融合课堂的理念体现了"以学生为中心"的教学思想，通过创新的教学方式和手段，让学生在学习中实现自我发展，同时也培养学生多元、创新的思维方式。美育教育是培养学生美感、美德、美丽心灵的一种教育方式。然而，目前美育教育中仍存在着许多问题，如单一的教学方法、缺乏创新的教学内容等。美术与音乐的深度融合不仅能够打破教学的单一性，丰富教育内容，还能够为美育教育探索新的路径和思路。

美术与音乐学科的相互渗透融合，是职业院校学前教育专业课程改革的一个有力尝试，也是一种有益于学生艺术综合素质提升的教育模式。美术融合音乐教学不仅可以提高学前教育专业学生的审美能力和创造力，而且对幼儿教育也具有深远的影响。首先，美术和音乐的融合教学可以激发幼儿的创造力和想象力，提高其审美水平。在美术与音乐的融合中，幼儿可以通过多种感官体验，激发想象力，进而发挥创造力。其次，美术与音乐的相互渗透也可以唤起幼儿的情感共鸣，让幼儿更好地理解和表达自己的情感，增强自信心和自我认知能力。最后，美术融合音乐教学可以构建出更加立体化、多元化的课程体系，为幼儿的综合发展提供更加丰富的资源和机会。在学前教育专业美术融合音乐教学的实施过程中，教师的角色也得到了极大的提升。教师不仅需要具备良好的融合教学能力，还需要具备创新意识和创造能力。只有在教师的专业能力和素质上下功夫，才能够更好地实现美术和音乐教学之间的融合。

学前教育专业美术教学与音乐学科的融合方式，注重加强美术与音乐学科间的横向联系，从而达到更好的教育效果。在学前教育专业中，美术和音乐是两个非常重要的学科，注重加强美术与音乐学科的横向联系，是非常重要的。通过这种方式，可以让学生更好地理解两个学科的关系。基于核心素养背景下的学前教育专业美术融合音乐教学，力求破除学科之间的壁垒，对美术课堂的教学模式加以创新，从而提高学前教育专业美术教学的有效性。

学前教育专业既不是单纯的学科教育，也不是单纯的职业教育，而是一种具有鲜明师范性的综合性教育，培养的是具有综合素养且全面发展的幼儿教师。学前教育专业美术融合音乐教学为提高学前教育专业学生的艺术综合素质提供了一条新的途径，同时也能促进幼儿的全面发展。在教学实践中，我们需要不断地创新和探索，才能够更好地推广和应用这种融合教学，从而为幼儿美育事业做出更大的贡献。

幼儿教育是一项复杂而严谨的工作，需要教师具备丰富的教育经验和扎实的知识储备。在当今社会，人们对于幼儿教育的需求越来越高，要求幼儿教师不仅有扎实的专业知识和技能，还要有多学科、跨领域的知识和能力。美术融合音乐综合实践课程是一门充满魅力和创造力的课程，它不仅能够满足学前教育专业学生未来就业和多元职业发展的需求，更能够促进幼儿的全面发展。

可以说，融合课程的出现是时代发展的要求，也是学前教育专业发展和学生成长的要求。在未来，学前教育的重要性愈发凸显，职业院校学前教育专业的发展和学生的成长需要更多融合课程和教学手段的支持。通过美术与音乐的综合实践课程，学生可以深入了解美术和音乐的教育理论和实践，掌握有关美术和音乐的教学方法和技能，并将其应用于幼儿教育中。在美术方面，课程将涉及色彩、造型、线条等美术元素的教学，以及绘画、雕塑、手工制作等技能的实践。在音乐方面，课程将涉及旋律、节奏、和声与音乐表现力等音乐要素的教学，以及合唱、舞蹈等技能的实践。通过这些综合实践课程，学生可以掌握有关美术和音乐的教学方法和技能，更好地融合美术和音乐于幼儿教育中。

课程融合是对不同学科之间的知识和技能进行整合，使学生能够在一个综合性的学习环境中获得全面的教育。随着教育理念的不断更新，课程融合已经成为当下教育领域中的一个重要概念。它不仅仅是一种课程设计方式，更是一种教育思想，课程融合是一种创新的思维方式，它可以帮助学生更好地掌握知识，更好地理解知识之间的联系，从而更加深入地思考问题。课程融合为美术教育带来了更为广阔的空间和更为丰富的内容。在课程融合的理念下，美术教育能够与其他学科进行深度融合，使得学生在美术学习的同时，也能够获得其他学科的知识和技能，达到综合性学习的效果。

相信在未来的教育中，课程融合将会成为一种越来越重要的教育模式。在美术教育中，课程融合的实践和推广也将会得到更为广泛的应用和发展。教育是一个不断进步的过程，只有不断创新和实践，才能让教育更加有效地传递知识和培养人才，让学生更好地适应社会和生活的变化。

目 录

第一章　美术与音乐课程实现融合的可行性分析 ·· 001
　　第一节　美术与音乐两种艺术课程的特点 ·· 001
　　第二节　美术与音乐融合课程的具体内涵 ·· 003
　　第三节　美术与音乐课程实现融合的可行性 ··· 007
　　第四节　以美术学科为主线，有机融入音乐艺术 ··· 010

第二章　美术融合音乐课程开发的原则及课程融合的路径 ································ 013
　　第一节　美术融合音乐课程开发的原则 ··· 013
　　第二节　美术与音乐课程融合的路径 ·· 020

第三章　美术与音乐的交融互通 ··· 028
　　第一节　绘画与音乐 ·· 028
　　第二节　雕塑与音乐 ·· 037
　　第三节　工艺美术与音乐 ·· 040
　　第四节　建筑与音乐 ·· 042
　　第五节　书法与音乐 ·· 045

第四章　美术教学中音乐元素的渗透与融合 ··· 048
　　第一节　美术教学中美术与音乐元素的融通性 ··· 048
　　第二节　美术教学融入音乐元素的必要性 ·· 050

第五章　音乐融入绘画教学的创新型探索 ··· 053

第一节　创新型融合视角下绘画教学中音乐的选择与运用 ··· 053

第二节　应用现代化教育技术，创设视听融合情境 ··· 055

第六章　核心素养背景下学前教育专业美术融合音乐教学模式建构 ··· 057

第一节　学前教育专业美术与音乐教学融合的方法 ··· 057

第二节　核心素养背景下学前教育专业美术融合音乐教学模式研究 ··· 060

第七章　学前教育专业美术融合音乐学科教学法探究 ··· 064

第一节　学前教育专业美术融合音乐学科信息传播的状态 ··· 064

第二节　学前教育专业美术融合音乐学科教学法 ··· 065

第三节　学前教育专业美术融合音乐学科教学法有效运用的意义 ··· 068

第八章　核心素养引领下职业院校学前教育专业美术与音乐教学的融合策略 ··· 070

第一节　学前教育专业美术与音乐融合教学的原则 ··· 070

第二节　学前教育专业美术与音乐教学的融合策略 ··· 072

第九章　职业院校学前教育专业美术融合音乐课程的开发与利用 ··· 076

第一节　当前职业院校学前教育专业美术课程存在的问题 ··· 076

第二节　学前教育专业美术融合音乐课程的三种基本类型 ··· 078

第三节　学前教育专业美术融合音乐课程开发策略 ··· 079

第四节　学前教育专业美术融合音乐课程开发过程中的建议 ··· 081

第十章　职业院校学前教育专业美术融合音乐课程管理和建设的探索 ··· 083

第一节　学前教育专业美术融合音乐课程管理的优化举措 ··· 083

第二节　促进专业教师美术融合音乐课程素养养成的课程管理策略 ··· 085

第三节　以就业为导向，推进学前教育专业美术融合音乐课程建设与管理 …………… 086

第十一章　创建职业院校学前教育专业美术与音乐跨学科教师共同体的思考 …… 088
　　第一节　美术与音乐跨学科教育视角下对美术教师的新要求 ………………………… 088
　　第二节　美术与音乐跨学科合作下的美术教师专业发展路径 ………………………… 090
　　第三节　创建美术与音乐跨学科教师共同体的意义 …………………………………… 091

第十二章　职业院校学前教育专业美术融合音乐跨学科主题活动探究 ……………… 094
　　第一节　学前教育专业美术融合音乐跨学科主题活动的意义 ………………………… 094
　　第二节　学前教育专业美术融合音乐跨学科主题活动的实践转变 …………………… 095
　　第三节　学前教育专业美术融合音乐跨学科主题活动的实施要求 …………………… 096
　　第四节　学前教育专业美术融合音乐跨学科主题活动的有效性策略 ………………… 098

第十三章　职业院校学前教育专业美术融合音乐综合实践选修课探究 ……………… 100
　　第一节　学前教育专业美术融合音乐综合实践选修课程设置建议 …………………… 100
　　第二节　学前教育专业美术融合音乐综合实践选修课程的改进路径 ………………… 103

第十四章　新媒体环境下学前教育专业美术融合音乐课程创新发展策略 …………… 106
　　第一节　新媒体的概念和特征 …………………………………………………………… 106
　　第二节　新媒体对美术融合音乐课程创新发展产生积极影响 ………………………… 107
　　第三节　新媒体环境下美术融合音乐课程创新发展策略 ……………………………… 110

第十五章　职业院校学前教育专业美术融合音乐课程与师生专业发展
　　　　　　——基于"园校合作"视角 …………………………………………………… 114
　　第一节　教师合作文化视角下的学前教育专业美术融合音乐课程建设 ……………… 114
　　第二节　"园校合作"提升学前教育专业美术融合音乐课程品质 …………………… 115

第三节　"园校合作"背景下美术融合音乐课程创新与师生发展的路径…………… 116

第十六章　职业院校学前教育专业美术融合音乐教学对学生心理健康的影响
………………………………………………………………………………………… 119
　　第一节　学前教育专业学生存在的主要心理健康问题………………………… 119
　　第二节　美术融合音乐教学调适不良心理，激发学生内驱力………………… 121
　　第三节　学前教育专业美术融合音乐教学对学生心理健康教育的意义……… 124

第十七章　美术与音乐跨学科教学促进美术教师课程融合能力的提升………… 126
　　第一节　学前教育专业美术与音乐跨学科课程融合的方式…………………… 126
　　第二节　美术与音乐跨学科教学视阈下的美术教师角色……………………… 129
　　第三节　美术与音乐跨学科教学提升美术教师课程融合能力………………… 131
　　第四节　跨学科课程融合应避免的三个错误倾向……………………………… 133

第十八章　职业院校学前教育专业美术融合音乐课程评价研究………………… 135
　　第一节　学前教育专业美术融合音乐课程评价的三个体现…………………… 135
　　第二节　学前教育专业美术融合音乐课程评价的四个是否…………………… 137

第十九章　让音乐在职业院校学前教育专业美术课堂教学中发挥实效………… 140
　　第一节　音乐弥合美术学科和美育的割裂……………………………………… 140
　　第二节　在美术与音乐课程融合中激发学生的创造力………………………… 144
　　第三节　美术与音乐课程融合对教师教学能力的新要求……………………… 145

第二十章　职业院校学前教育专业美术教学中融合音乐元素的教学实践……… 151
　　第一节　美术教学中融合音乐元素的有效途径………………………………… 151
　　第二节　美术融合音乐课程教学实践案例……………………………………… 156

第二十一章　职业院校学前教育专业美术与音乐融合教学存在的问题、启示与展望

　　……………………………………………………………………………………… 170
　　第一节　存在的问题与实施建议 ……………………………………………… 170
　　第二节　启示与展望 …………………………………………………………… 171

后记 ……………………………………………………………………………………… 174

作者简介 ………………………………………………………………………………… 176

参考文献 ………………………………………………………………………………… 177

第一章
美术与音乐课程实现融合的可行性分析

第一节 美术与音乐两种艺术课程的特点

艺术是一种表达和传递情感的方式，无论是美术还是音乐，都是人类文化的重要组成部分。在现代教育中，美术和音乐则是其中最受欢迎的两种课程，它们都有着独特的特点和表现形式。美术和音乐课程不仅能够促进学生的思维发展，还能够提高他们的专注力和创造力。在美术和音乐课堂上，学生需要认真观察、认真听取和认真表达，这样才能够获得更好的艺术体验和学习效果。同时，美术和音乐课程也能够培养学生的耐心和毅力，帮助他们在学习和创作中保持长久的热情和兴趣。在美术和音乐课程中，学生不仅能够获得知识上的提升，还能够获得心灵上的满足。美术和音乐不仅是一种艺术形式，更是一种生活态度，一种对美好事物的追求和向往。

美术是一个非常特殊的学科，它不仅是一门学科，更是一种艺术表现形式。美术课程对于学生的发展有着非常重要的作用，它可以促进学生创造力和想象力的发展，提高学生美学修养，增强学生的审美能力。在美术课上，学生将接触到绘画、雕塑、工艺美术、建筑等艺术形式。通过这些艺术形式，学生可以学会如何用画笔、画纸、颜料等工具材料来表达自己的想法和情感。同时，美术也在培养学生的审美能力和创造力方面起到重要的作用。在美术课上，学生将会有大量的实践性任务。这种实践性任务不仅可以提高学生的技能水平，还可以激发他们的创造力和想象力。

美术课程注重培养学生的审美能力，审美是人类天生的感知能力，美术课程通过教授学生艺术史、艺术理论等知识，培养学生对艺术作品的分析能力。通过观察和分析艺术作品，学生不仅能够欣赏到艺术作品的美感，更能够理解艺术家的创作意图，进而提升自己的审美品味。创造力是人类智慧的结晶，美术课程提供了一个发挥创造力的舞台。通过绘画、雕塑等各种艺术媒介的实践训练，学生能够发掘自己独特的艺术表达方式，培养自己的创意思维和创造力。这种创造力的培养不仅仅局限于美术领域，还能够在学生的其他学科学习中发挥重要作用。此外，美术课程注重培养学生的艺术表达能力。艺术表达是美术课程的核心内容，通过学习绘画技巧、构图原理、色彩运用等，学生能够更加准确地将自己的内心世界表达出来。美术课程为学生提供了一个展示自我的平台，通过自己的作品，学生能够传递自己的情感和思想，并与他人进行艺术交流与对话。美术课程还注重培养学生的艺术鉴赏能力。艺术鉴赏是一种深度的思考和感悟，美术课程通过教授学生艺术史、艺术理论等知识，引导学生对艺术作品进行深入地分析和思考，使学生能够了解艺术作品背后的故事，理解艺术家的思想和艺术风格，从而培养自己的独立思考和批判性思维能力。

　　音乐也是一门非常重要的艺术课程。音乐作为一种表达情感和思想的艺术形式，可以帮助学生更好地理解自己和世界。在音乐课上，学生将接触到各种音乐形式，如歌唱、弹奏乐器等。通过这些形式，学生可以学会如何用声音来表达自己的情感和思想。在音乐课上，学生将会接触到很多优美的音乐作品，这些作品不仅可以让学生感受到音乐的美妙之处，还可以激发他们对音乐的兴趣和热爱。

　　音乐艺术课程，作为一门充满灵魂与情感的艺术形式，既是一种表达，也是一种传承。它以其独特的韵律和旋律，以及丰富多样的表达方式，深受广大学生的喜爱。音乐不仅是一种人类文明的精髓，又是一种超越语言的沟通方式，一种让人们心灵相通的力量。首先，音乐艺术课程的特点体现在其丰富多样的表达方式上。音乐作为一种全球通用的艺术语言，涵盖了多种风格和流派。无论是古典音乐的庄重与华彩，还是流行音乐的轻松与时尚，亦或是民族音乐的独特与纯朴，都能找到人们内心最真实的共鸣。在音乐艺术课程中，学生可以通过学习不同的乐器，发掘自己对不同音乐风格的兴趣，培养自己的音乐表达能力。无论是演奏还是创作，都能让学生在艺术的殿堂中放飞自我，展现独特的艺术才华。其次，音乐艺术课程的特点还体现在它对学生综合素质的培养上。音乐艺术课程不仅要求学生掌握音乐技巧，还要培养他们的音乐欣赏能力、审美情趣和艺术鉴赏能力。在音乐艺术课程中，学生不仅学习音乐理论，还要学习音乐史、音乐文化等相关内容。通过对音乐作品的分析与解读，学生能够提升自己对音乐作品的理解能力，培养自己的审美情趣。同时，音乐艺术课程也注重培养学生的团队合作能力和创新思维能力。在音乐创作与演出过程中，学生需要与他人密切合作，协调配合，共同创造出美妙的音乐作品。此外，音乐艺术课程的特点还体现在其对学生情感的培养上。音乐艺术作为一种表达情感的方式，能够唤醒学生内心深处的情感共鸣。在音乐艺术课程中，学生将通过学习和欣赏优秀的音乐作品，感受音乐的力量，发掘自己的情感表达能力。音乐作为一种独特的艺术形式，能够在无需语言的情况下，直接触动人们的内心，传递情感。学生通过音乐艺术课程的学习，能够培养自己的情感表达能力，增强自己的情绪管理和情感沟通能力，从而提升自己的情商。

第二节　美术与音乐融合课程的具体内涵

在当今社会中，美术与音乐作为两种艺术形式，都在各自的领域中发挥着重要的作用。然而，随着教育方式的不断更新和改进，越来越多的学校开始将美术与音乐课程融合在一起教学。美术与音乐融合课程是一门将美术和音乐有机结合起来的跨学科课程。在这门课程中，学生不仅学习美术和音乐的基础知识和技能，更重要的是通过实践，探究两种艺术形式之间的联系和互相影响。美术与音乐融合课程的教学内容非常丰富多彩。通过美术和音乐的融合，学生能够更好地理解不同艺术形式之间的联系和互相影响，进而更好地欣赏和理解艺术作品，增强自身的文化底蕴。美术与音乐融合课程还注重培养学生的创造力和团队合作精神。在美术和音乐的结合中，学生需要通过创新和创造来探索两者之间的关系，同时还需要与同学们进行合作，共同完成各种创意项目和作品。美术与音乐融合课程是一门极具意义和价值的跨学科课程，它将美术和音乐这两种艺术形式有机结合起来，培养学生的多种能力和素质，有助于提高学生的文化素养和审美能力。

在美术与音乐融合课程中，最重要的就是创新。在传统的美术课程中，学生往往被动地接受知识，缺乏创造和想象，而在融合课程中，学生可以通过探索和实践，产生新的艺术表现形式。例如，在美术与音乐融合的课程中，学生可以通过绘画的方式，将音乐的旋律和节奏进行转化，创作出具有独特艺术风格的绘画作品。美术与音乐融合课程的具体内涵，主要包括三个方面。

一、美术与音乐融合的渗透方式

美术和音乐都属于艺术的范畴，它们之间有着许多共性。首先，在艺术表现形式上，两者都具有高度的审美性和艺术性。其次，在艺术创作过程中，美术和音乐都需要创意和灵感，并需要通过多种艺术形式的表现来达到最佳的艺术效果。最后，两者都需要通过感官的刺激来表达内心的情感和情感体验。美术和音乐虽然是两种不同的艺术形式，但它们在表现艺术主题、传达艺术情感、呈现艺术形象等方面都有相通之处。因此，在美术与音乐融合课程中，可以通过多种方式将它们结合起来。

美术与音乐，作为两种不同的艺术形式，各自拥有独特的语言和表达方式。然而，当这两种艺术形式相互融合、互相渗透时，却能创造出一种更为绚烂多彩的艺术之美。美术与音乐的融合并非简单地叠加，而是一种相互交融、相得益彰的过程。在这个过程中，美术和音乐互为表现手段和表达媒介，共同构筑起一座通向艺术之巅的桥梁。美术可以通过线条和色彩的表现，捕捉音乐所传达的情感和意境；音乐则通过旋律和节奏，唤起美术作品中沉寂的色彩和形态。两者之间的相互渗透，使得艺术的表达更加立体、丰富。美术作品可以通过绘画、雕塑等形式，将音乐所包含的旋律、节奏、情感等转化为形象和色彩。以印象派画家莫奈的作品为例，他通过光、色的变化，将画面中的景物描绘得如梦如幻。当我们欣赏他的画作《睡莲》时，可以同时配上柔和的古典音乐贝多芬的《月光奏鸣曲》，使人们仿佛置身于一个寂静而神秘的水域中。音乐中的柔和旋律与画作中的静谧画面相得益彰，使人们感受到了更加深刻的情感。此外，美术与音乐的融合还可以在电影中得到体现。电影作为一种集合了视觉与听觉的艺术形式，通过画面的构图和音乐的编排，将故事情节表达得深入人心。在电影《阿甘正传》中，导演运用了美术与音乐的融合手法，将主人公的成长历程展现得淋漓尽致。音乐的编排与画面的构图相辅相成，使观众在电影中既能感受到美的享受，又能领略到故事情节的魅力。

美术与音乐融合的渗透方式不仅仅局限于作品表现形式上的转化，更体现在创作的灵感和情感上的交流。美术与音乐的融合，是一种超越语言和文化的艺术语境。它不仅是美术和音乐两种艺术形式的交织,更是一种灵感和情感的交流碰撞。当美术和音乐相互渗透、相得益彰时,艺术的力量和魅力将得到更大程度的释放。

二、美术与音乐融合的表现手法

美术和音乐之间的互补性是实施美术与音乐融合课程教学的关键之一。美术和音乐虽然在表现形式上有差异,但它们的表现手法却是相通的。在美术和音乐融合课程中,可以将两种艺术形式结合在一起,从而达到更加出色的艺术效果。例如,在绘画作品中加入音乐元素,可以使作品更加具有生命力和情感;在音乐表演中添加视觉元素,可以使其更加生动、有趣和具有感染力。

美术和音乐通过不同的媒介传达着生活的美好和情感的深邃。然而,当这两种艺术形式相互融合时,其潜力和魅力将会远超我们的想象。美术与音乐融合课程的出现,不仅为学生提供了一个全新的艺术体验,也为他们展示了一个更为广阔的创造空间。在美术与音乐融合课程中,表现手法的多样性和创新性是非常关键的。首先,美术与音乐融合的表现手法之一是"和谐合一"。美术和音乐都是追求和谐的艺术形式,融合两者可以增强学生的审美能力和艺术表达能力。在美术教学中加入音乐元素,可以使课堂更具感染力。比如,在学习水彩画时,可以选择悠扬的古典音乐作为背景音乐,通过音乐的节奏和旋律来引导学生的绘画节奏和笔触。这种和谐的融合不仅可以让学生感受到绘画与音乐的奇妙交融,还可以培养学生对美的感知和表达能力。其次,美术与音乐融合的表现手法是"情景交融"。音乐可以通过表达情感和创造氛围来丰富绘画的内涵,而绘画则可以通过视觉形象来赋予音乐具体的情感。在学习素描时,可以选择优美动人的旋律作为背景音乐,通过音乐的节奏和情感来引导学生的线条和造型,使绘画作品更富有生命力。这种情景交融的融合方式既可以让学生在艺术创作中体验到绘画与音乐的互动,也可以培养学生的创造力和情感表达能力。再次,美术与音乐融合的表现手法是"形象对应"。美术与音乐都是通过形象来表达和传达信息的,它们之间存在着一种奇妙的对应关系,只不过音乐形象需要欣赏者的想象、联想以及情感的激发。在学习油画棒绘画时,可以选择具有色彩感和层次感的音乐作为背景音乐,通过音乐的旋律与和声来引导学生的色彩和构图。这种形象对应的融合方式不仅可以增强学生对绘画和音乐的理解与感知,还可以培养学生的艺术鉴赏能力和想象力。最后,美术与音乐融合的表现手法是"创新整合"。美术和音乐都是具有创造性和表现性的艺术形式，它们的融合可以为学生提供更广阔的创作空间和表现方式。通过将美术与音乐元素进行创新性的结合，可以创造出新颖、独特的艺术形式。比如，通过使用计算机技术和虚拟现实技术，可以将美术与音乐结合在一起，创造出全新的艺术体验。在这种创新性的结合中，美术可以通过计算机生成的图像和虚拟现实技术为音乐作品提供丰富多样的视觉效果，而音乐则可以通过计算机生成的声音和音频技术为美术作品提供全新的音乐伴奏。这种创新性的结合，不仅可以为学生带来前所未有的艺术体验，也可以为学生带来更加广阔的创作空间。

美术与音乐融合的表现手法多种多样，既有互补性的呈现，也有协同性的融合，更有创新性的结合。通过美术与音乐的交融，学生们能够在视觉和听觉的双重刺激下，获得全方位的审美体验。这种融合不仅为学生提供了更加全面的艺术教育，也为他们的创造力和审美能力的培养提供了更加广阔的舞台。

三、美术与音乐融合的教学方法

美术与音乐融合的教学方法应该是多样化的，既要注重理论教学，也要注重实践教学。融合课程的设计需要兼顾美术和音乐两个学科的特点，以及学生个体差异的需求。一种可行的教学方法是"情境创设法"。通过创设丰富多彩的情境，让学生在其中自由发挥，既能培养他们对美术和音乐的兴趣，又能拓展他们的想象力和创造力。在课堂上，教师可以通过讲解一幅画作或一首乐曲的背景故事，引导学生走进其中。比如，当教师讲解梵高的《星月夜》时，可以配以歌曲《在梵高的星空下》，让学生感受到画作中的星辰点点，仿佛置身于星空之中。通过融合两种艺术形式，学生能够更全面地理解和感受到美术与音乐的魅力。除了情境创设，还可以通过项目化学习的方式来融合美术与音乐。教师可以设计一系列的综合性项目，让学生在其中进行创作和表达。比如，在项目化学习中，教师可以引导学生选择一个主题，例如自然景观、人物肖像等，然后通过综合运用美术与音乐的知识来表达这一主题，学生可以自由选择合适的媒介和材料。美术与音乐融合还可以通过其他形式的创作来展示。比如，学生可以设计一个音乐剧，将绘画和音乐结合起来，通过舞台表演的形式来展示自己的创作成果。在这个项目中，学生可以分工合作，每个人负责一个角色或者一个场景的创作。他们可以共同讨论和决定剧情、角色形象、舞台布景等，然后通过绘画和音乐的融合来展示自己的创作成果。这样的项目不仅能够培养学生的创造力和表达能力，还能够提高他们的团队合作和沟通能力。在美术与音乐融合课程中，教师可以提供一些启发性的创作题材，当然需要选择合适的教学内容。美术与音乐的融合可以在各个层面上进行，比如通过绘画配乐、创作音乐画作等。在选择教学内容时，可以根据学生的兴趣和特长来确定。比如，对于音乐方面较为优秀的学生，可以让他们通过创作音乐来表达画作中的情感；对于美术方面较为擅长的学生，则可以让他们通过绘画来表达音乐中的旋律和节奏。此外，教师还应注重培养学生的合作意识和团队精神，可以将学生分成小组，让他们在小组中合作完成一些绘画和音乐创作任务。在合作的过程中，学生还能够相互学习、相互借鉴、相互促进，提高自己的综合能力。

总而言之，美术与音乐融合课程是一种全新的综合性艺术课程，它能够帮助学生更好地理解艺术，提高他们的艺术鉴赏能力和创作能力，促进他们的协作能力和沟通能力，培养他们的创新能力和实践能力。在未来的教育中，美术与音乐融合课程将会越来越受到重视，成为一种新的教育方式。

第三节 美术与音乐课程实现融合的可行性

在现代教育中，美术与音乐课程一直被看作是培养学生艺术素养的重要途径。然而，美术和音乐在教育中的地位却时常被忽视。如何将两门课程进行有机结合，实现艺术融合，成为一个值得思考的问题。美术与音乐的融合，首先需要明确的是，艺术是一种综合性的学科。美术与音乐都是艺术的表现形式，都需要通过感性与理性的结合，才能真正发挥出它们的魅力。因此，在教学中，将两门课程相结合，不仅可以提高学生的艺术素养，还能够让学生更好地理解和感受艺术。在美术与音乐的融合中，可以选择一些主题，如"自然""人物""抽象"等。在主题的基础上，设计一些互动性强的课程活动，让学生在学习的过程中，能够发挥自己的创造力和想象力，同时也可以提高他们的审美水平和艺术鉴赏能力。比如，在人物主题中，可以让学生先学习人物的基本构图和线条，然后在音乐的伴奏下，让学生自由发挥，画出自己心中的人物形象。在抽象主题中，可以让学生听一段轻快的音乐，然后让他们根据自己感受到的情绪和音乐的节奏，进行抽象画的创作。当然，美术与音乐的融合不仅仅只是在课堂上进行。教师还可以组织学生参加一些艺术活动，如美术展览、音乐会等。通过这些活动，学生可以更加深入地了解艺术，感受艺术的魅力，同时也可以帮助他们更好地发掘自己的艺术潜力。

一、美术与音乐课程的融合可以培养学生的跨学科思维

美术和音乐都是极富创造力的艺术形式。在融合的过程中，学生需要将两者的元素进行有机地结合和转化。比如，在绘画中加入音乐的元素，或者在音乐中融入美术的意象，这将要求学生在思维上进行跨界的探索和想象。通过这样的实践，学生将培养出更加宽广和开放的思维方式，有利于提高他们在日常生活和学习中面对复杂问题时的综合性思考和解决能力。

二、美术与音乐课程的融合可以提升学生的审美能力

美术和音乐都是感知和表达美的艺术形式。通过融合，学生可以在美术作品中感受到音乐所带来的节奏和情感，或者在音乐中感知到美术作品所传递的色彩和形态。这样的体验将使学生对美的感知更加敏锐和深入，培养出对于艺术的独特理解和欣赏能力。同时，美术与音乐的融合也可以为学生提供更加多样化的审美体验，从而拓展他们的审美视野，培养出对不同艺术形式的包容和欣赏。

三、美术与音乐课程的融合可以激发学生的创造力

美术与音乐的融合，为学生们提供了一个发挥自己想象力和创造力的平台。将这两种艺术形式融合在一起，不仅能够让学生更全面地了解艺术的多样性，还能够促使他们在创作中发现新的可能性。美术和音乐都具有较强的体验性，学生可以从中体验到不同艺术形式之间的交互作用，从而培养出创造性思维和创新意识。通过融合，学生可以将两者的创作元素相互借鉴，创造出更加独特和多样化的作品。比如，在绘画中加入音乐的元素，可以通过线条和色彩表现出音乐的旋律和节奏。这样的创作实践将使学生的创造力得到进一步的激发和发展，培养出他们独立思考和创意表达的能力。

四、美术与音乐课程的融合可以提高学生的综合素养

美术和音乐都是培养学生综合素养的重要途径，通过融合，学生将在艺术创作中同时培养自己的审美、创造、表达和批判思维

能力。当这两种艺术形式相互融合时，学生需要综合运用各种感官和认知能力来进行艺术的理解和欣赏。他们需要用眼睛去观察和分析画面上的形象，用耳朵去感受和理解音乐的节奏和情感，还需要用脑海中的想象力去构建和整合这些感知和认知的信息。通过这种融合，能够培养出敏锐的观察力、感知力和思维能力，从而提升学生的审美水平和综合素养。这样的综合性培养将使学生在面对复杂问题和挑战时具备更强的综合素养和解决问题的能力，为其未来的学习和工作打下坚实的基础。美术和音乐两门课程在教学方法上也有很多相似之处，都需要学生具备良好的观察能力、创造力和表现力。因此，在教学中可以通过相互借鉴和融合来提高学生的综合能力和素质。

五、美术与音乐课程的融合可以实现学生的多元智能发展

根据加德纳的多元智能理论，人类的智能包括语言智能、数学逻辑智能、空间智能、身体运动智能、音乐智能、人际智能、自我认知智能和自然认知智能八种不同的智能类型。美术与音乐的融合能够全面激发学生的多元智能，使他们在艺术创作中得到更全面的发展。比如，在绘画中，学生需要通过观察和表达来理解物体的空间关系，而音乐作为一种抽象的艺术形式，也可以通过声音的高低、音调的变化等方式来表达空间感。通过将音乐元素融入绘画创作中，学生可以更好地理解和感受空间的变化，从而提高他们的空间智能。再比如，身体运动智能也可以在绘画与音乐的融合中得到充分的发展。学生可以通过绘画的动作与音乐的节奏进行配合，这种练习不仅能够锻炼学生的身体协调能力与灵活性，还能够培养他们的节奏感与动感表达能力。

六、美术与音乐课程的融合可以拓宽学生的艺术视野

美术与音乐作为艺术的两大门类，各自具有独特的风格和表现形式。美术作品以静态的形式表现，能够通过色彩、构图、线条等来表达情感与意境；音乐作品以动态的形式表现，通过节奏、旋律、和声等元素来传递情感与思想。通过融合这两门学科，学生可以在欣赏和创作中体验到艺术的多样性与广度。他们可以通过绘画来表达音乐的旋律，通过音乐来诠释美术作品的意境，从而进一步拓宽自己的艺术视野，培养自己的审美能力。

七、美术与音乐课程的融合可以升华学生的情感

美术和音乐都是创造性的活动，需要鼓

励学生独立思考，发挥自己的想象力和创造力。当两者融合在一起时，学生将面临更多的创作选择和表达方式，他们可以通过美术和音乐相互补充，创造出更有创意和个性的艺术作品。此外，美术和音乐作为艺术的表达形式，可以帮助学生更好地表达自己的情感和思想，培养他们的情感意识和情感表达能力。这种融合的教学模式，不仅能够提高学生的艺术表现力，还能够培养他们的自信心和自我认知。

然而，美术与音乐课程实现融合并不是一件容易的事情。首先，教师的专业素养是实现融合的关键，教师需要具备跨学科教学的能力和素养，掌握美术与音乐的教学方法和策略。其次，教材和教学资源的丰富性和质量是实现融合的重要保障。教材和教学资源需要满足融合教学的需求，既要有美术的内容和教学资源，又要有音乐的内容和教学资源，同时要有融合教学的内容和教学资源。再次，学校的支持是实现融合的重要条件。学校需要给予教师充分的支持和培训，提供必要的教学资源和设施。

第四节 以美术学科为主线，有机融入音乐艺术

美术融合音乐课程以美术为主线，有机融入音乐艺术。它以美术知识作为载体，进而开展综合性学习，实现了美育的价值。这一创新型探索的核心，就是以美术学科为中心来进行教育教学方式的探索。美术融合音乐课程将美术与音乐相互交融，为学生提供了一种独特而丰富的学习体验。这门课程不仅拓宽了学生的学科广度，还培养了学生解决问题的能力，提升了他们的综合素养。

在美术融合音乐课程中，学生将学习如何运用音乐元素来表达自己的美术作品，如何通过音乐的旋律、节奏与和声来丰富自己的创作。学生可以通过学习音乐的基本知识，如音符、音阶、音域等，来丰富自己美术作品的表现形式。通过美术与音乐的融合，学生可以感受到美术和音乐之间的相互影响和共鸣。他们可以在欣赏音乐的同时，感受到音乐所呈现的美感和情感，进而在自己的美术作品中表达出来。同样地，他们也可以在欣赏美术作品的同时，通过音乐来增强对作品的理解和感受，使艺术作品更加丰富和深入。

美术融合音乐课程的设计聚焦核心素养，以美术学科为主体。学生不仅学习美术的基本知识和技巧，还通过音乐与之相结合，体验艺术融合的独特魅力。这种融合的方式不仅丰富了学生的学习内容，也提高了他们的艺术修养。通过学习音乐，学生可以更深入地理解美术作品所表达的情感和意义，进一步丰富他们的审美视野。美术融合音乐课程充分发挥协同育人的功能，学生在学习美术的同时，也在音乐中发现美的价值。这种跨学科的学习方式不仅提高了学生的综合素养，还培养了他们的团队合作能力和创造力。学生通过合作创作美术作品，可深入了解美术和音乐的相互关系，并从中感受到协同合作的力量。

美术融合音乐课程实现了用美浸润心灵，用心理解文化的美育价值。通过学习美术和音乐，学生可以更加深入地了解不同文化的艺术表达方式，增强了他们的文化自信心和国际视野。通过欣赏和创作艺术作品，学生们可以培养自己的审美情趣和表达能力，提高他们对美的感知和理解能力。

美术融合音乐课程加强了学科横向连接，通过以美术为主线，音乐为辅线，将美术和音乐融合起来，学生们可以更加全面地了解艺术的多样性和综合性。他们不仅学习了美术和音乐的基本知识和技巧，还了解了它们在不同领域的应用。这种横向连接的学习方式不仅提高了学生的学科掌握能力，也培养了他们的创新能力。

美术融合音乐课程的实施，还可以促进学生跨学科思维和综合能力的培养。美术和音乐作为两门艺术学科，都具有多样化的表现形式和创作方法。学生在学习和实践中，需要通过跨学科的思维和综合能力来解决问题。这种跨学科的思维和综合能力的培养，将使学生在未来的学习和工作中更加有竞争力。

美术融合音乐课程的实施是当前美术教育中的一种创新型探索方式，它以美术学科作为中心，将音乐融入美术教育教学当中。这种教学方式鼓励学生跳出传统学科的限制，从多个角度来解决问题，拓宽思维的边界。美术与音乐的融合，让学生更加灵活地运用所学知识，形成一种综合性的思维方式。通过美术融合音乐课程的学习，学生可以在艺术的海洋中尽情探索，感受到美的魅力，并培养自己的艺术修养和综合素养。

美术融合音乐课程的实施，也需要教师的不断探索和创新。教师需要具备扎实的美术专业知识，同时还需要了解音乐的基本原理和表现形式，能够灵活运用这些知识来设计教学内容和教学活动，更需要根据学生的实际情况和学习需求，合理设计教学内容和教学方法，创造积极的学习氛围，激发学生的学习兴趣和学习动力。充分利用现代教育技术手段，提供多样化的学习资源和学习环境。教师可以利用计算机辅助教学、网络教学等方式，为学生提供丰富多样的学习资源和学习体验。同时，可以利用虚拟实验室、在线交流平台等工具，促进学生之间的互动和交流，拓展学生的学习空间和学习机会，注重培养学生的合作精神和团队意识，通过小组合作和集体展示等方式，促进学生之间的互动和交流，提升学生的学习效果。只有教师具备了这些基础，才能够在教学中将美术与音乐有机地融合起来。只有这样，美术融合音乐课程才能真正发挥出其美育教育的价值。

当然，美术融合音乐课程的实施还需要积极与社会资源对接，开展多种形式的学科交流和学科合作。可以邀请专业艺术家来校进行讲座和研讨，为学生提供与专业人士交流的机会，拓宽学生的学习视野和学习经验。学校还可以组织学生参加各种艺术比赛和展览，为学生提供展示自己才华的舞台，激发学生的学习热情和学习动力。此外，美术融合音乐课程的实施需要学校和家长的共同支持和配合。学校可以加强对教师的培训和指导，提供必要的教学资源和教学条件，为教师的教学工作提供保障。家长可以积极参与学生的学习和成长，给予学生必要的鼓励和支持，为学生的学习创造良好的家庭环境和学习条件。

总之，美术融合音乐课程的核心在于培养学生的核心素养，以美术学科为主线，注重跨学科融合，充分发挥协同育人的功能。通过这一课程的开展，学生能够用美浸润心灵，用心理解文化的美育价值。美术融合音乐课程实现了美育的价值和教育教学的创新。通过美术与音乐的融合，学生可以在艺术的世界中感受到美的力量和魅力，培养自己的创造力和表达能力，并在跨学科的学习和实践中发展综合能力。美术融合音乐课程的实施，将为学生的个性发展、创造力的培养和文化素养的提升提供更多的机会和平台。

第二章
美术融合音乐课程开发的原则及课程融合的路径

第一节 美术融合音乐课程开发的原则

美术和音乐是两个独立而又相互渗透的艺术领域，在培养学生的审美素养、创造力和综合能力方面有着独特的作用。美术融合音乐课程的开发需要遵循一定的原则。开发者应该根据学生的年龄段和学习能力来确定课程的内容和难度，注重培养学生的观察力和感知能力，注重培养学生的审美能力和艺术品味，注重培养学生的合作精神和团队意识，注重培养学生的创新能力和实践能力。美术融合音乐课程的开发是一项具有挑战性和创新性的任务，需要教师具备扎实的艺术功底和教学经验。同时，学校也应提供必要的支持和资源，为教师开展美术融合音乐课程提供良好的平台和条件。美术融合音乐课程的开发不仅仅是教育领域的一项创新举措，更是对艺术教育的一次积极探索。通过美术与音乐相互融合，能够为学生创造出更加综合和丰富的艺术体验，培养他们的想象力、创造力和审美能力。

一、关注学生情感需求，重视学生课堂体验

美术教育已不再满足于传统技巧的教授，而是更加注重培养学生的审美情趣与创造力。在这个多元化的教育背景下，美术融合音乐课程以关注学生情感需求和重视学生课堂体验为特点，课程设计以学生为中心，让学生在美术和音乐融合的过程中享受艺术的美感，体验美术和音乐的交融所带来的无限想象。在教学中要注重学生的情感体验，让学生在

学习的过程中感受到艺术之美的独特魅力。美术融合音乐课程着重关注学生的情感需求，每个学生都是独一无二的个体，他们有着不同的性格、兴趣和情感表达方式。美术融合音乐课程通过创造性的教学方式，充分尊重学生的个体差异，给予他们充分的表达空间。在课堂上，学生可以通过美术和音乐相融合的方式，表达自己内心的情感，释放自己的情绪。通过这种方式，不仅可以满足学生情感表达的需求，还可以激发他们对美术和音乐的兴趣，培养他们的审美情趣。课堂是学生学习的主要场所，而良好的课堂体验对于学生的学习效果和学业发展具有重要影响。美术融合音乐课程注重创造一个积极向上、充满活力的学习氛围，让学生在轻松愉快的氛围中学习。在这样的课堂中，学生们可以自由地发挥想象力，尝试各种艺术形式的结合，感受到创作的乐趣与成就感。同时，课堂中也注重师生之间的互动和合作，通过小组活动和讨论，促进学生之间的交流和合作能力的培养。总之，美术融合音乐课程应以关注学生情感需求和重视学生课堂体验为核心，为学生提供一个全面发展和多元化学习的平台。同时，他们也可以通过艺术的表达和创作，更好地理解自己，发现自己的潜能和兴趣。

二、创造多样教学环境，激发学生学习兴趣

美术和音乐融合是一种创新教育的理念，因此，教学环境的创造非常重要。教师要根据学生的年龄、兴趣、爱好等因素，创造出有趣、富有创意的教学环境，让学生在艺术的氛围中得到全面的体验。美术融合音乐课程，能够创造多样的教学环境，激发学生的学习兴趣。在现实生活中，各种艺术形式往往并存，它们之间相互影响、相互交融。在这样一门融合课程中，创造多样的教学环境是非常重要的。教师应该以开放的心态和宽广的视野，引导学生进入一个充满创意和想象力的学习空间。课堂上，可以设置美术和音乐交织的环境。例如，通过欣赏蒙德里安抽象艺术的代表作《百老汇爵士乐》与爵士乐的经典曲目，学生可以感受到色彩与音符的和谐共鸣，领略到艺术的无限可能。在那样一个午后，教室里弥漫着一股温暖而宁静的氛围。阳光透过窗户洒在教室的每一个角落，投下斑驳的光影，仿佛为这个特别的课堂增添了一份神秘而诱人的韵味。在电子屏幕上，教师精心挑选的蒙德里安的画作和爵士乐的乐谱错落有致地展示着，那些简约而富有内涵的几何图形和音符如同在默默地呼唤着学生们的灵魂。学生们静静地坐在座位

上，目光聚焦在画作和音乐上。他们感受着蒙德里安作品中纯净的色彩和简洁的线条，仿佛置身于一个没有杂念和烦恼的世界。爵士乐的经典曲目则如流水般奔腾不息，旋律和声音交织出一幅幅绚烂的音乐画卷，使学生们陶醉其中。教师引导学生用心灵去感受这些艺术作品所传递的情感和意境。学生开始了他们的艺术鉴赏之旅。他们仔细观察蒙德里安画作中的每一笔每一点，感受到其中蕴含的平衡与和谐。他们聆听爵士乐经典曲目中的每一个音符，感受到其中的节奏与韵律。在教师的引领下，学生们不断提出自己的感受和理解，互相启发，不断拓展自己的艺术视野。在这个课堂上，学生们积极地思考和表达，他们学会了用艺术的语言去表达自己的情感和思想，学会了用眼睛去观察世界，用心灵去感受美。他们的审美能力得到了培养和提升，他们的艺术鉴赏能力得到了锻炼和丰富。

在这个美术融合音乐的课堂中，学生们不仅仅是在学习艺术，更是在获得成长和启发。他们通过欣赏经典的美术作品和音乐作品，了解到了不同文化背景下的艺术特点和表现手法。他们学会了欣赏不同风格的艺术作品，理解不同时期的艺术思潮。他们的眼界得到了开阔，思维方式得到了拓展，他们的人生也因此变得更加丰富多彩。

毫无疑问，学生对于美术和音乐都有一定的兴趣，但如何将这种兴趣转化为持久的学习动力，是每位教师都要面对的问题。在这里，教师可以通过设计有趣而具有挑战性的艺术项目，来激发学生的学习兴趣。例如，在音乐剧的创作过程中，舞台设计和服装设计起着至关重要的作用。因此，教师可以让学生参与音乐剧舞台设计、服装设计等美术设计方面的任务，在音乐剧舞台设计方面，学生可以参与舞台布景、灯光设计等任务。舞台布景的设计要求学生通过线条、色彩、形状等艺术元素来表达故事情节和角色特点。在音乐剧《狮子王》中，学生可以通过设计草原、荣耀岩、大象墓地等场景来体现故事发生的地点和背景。灯光设计则能够通过明暗、色彩和光线的变化来烘托氛围和表现情感，让观众更好地融入剧情之中。在音乐剧服装设计方面，学生可以参与角色服装的设计和制作。每个角色的服装都有其独特的风格和特点，学生需要根据角色的性格、身份和情感来设计服装。比如，在音乐剧《美女与野兽》中，学生可以通过服装的颜色、材质和造型来展现角色的内心世界和发展变化。此外，在服装的制作过程中，学生还需要学习和运用不同的手工艺技巧，锻炼自己的动手能力和创造力。通过参与音乐剧舞台设计、服装设计等美术设计任务，学生能够全面感受到艺术创作的魅力和乐趣。他们将从观众的角度去思考和感受艺术作品，从而培养出独特的审美观和艺术修养。同时，这样的项目还能够培养学生的团队合作能力。此外，教师还可以通过展览和表演等形式，让学生们将自己的作品展示给更多的人。这不仅能够增强学生的自信心和表现欲望，更能够让他们感受到自己的努力和创造力所带来的成就感。同时，这也为学生们提供了一个与他人交流和分享的机会，让他们能够从他人的作品中吸取灵感，拓宽自己的艺术视野。

三、加强实践教学环节，提高学生动手能力

教师在教学中要注重实践性，这是美术和音乐融合课程开发的重要原则。在教学中，教师可以通过实践让学生感受到美术和音乐的融合，让学生在实践中感受艺术之美。美术与音乐的融合可以为学生提供更加多元化的创作空间，加强实践教学环节可以提高学生的动手能力。例如，在一堂美术融合音乐"春江花月夜"为主题的美术课上，学生们用色彩勾勒出夜晚的宁静和月光的柔和，用线条描绘花朵的繁盛和江水的起伏。他们不仅通过作品表达了自己对于音乐的感受，还展现出了独特的艺术才华。美术融合音乐课程的实施，不仅提高了学生的动手能力，更培养了他们的审美意识和艺术修养。通过与音乐相结合的方式，学生能够更加全面地理解艺术的内涵和表达方式。他们在音乐的引导下，通过绘画来表达自己的情感和思想，使得艺术表达更加生动和丰富。美术与音乐融合的创作项目是课程的亮点之一，学生通过绘画、雕塑等艺术形式，创作与音乐相呼应的作品。在绘画方面，学生可以选择一首音乐，通过对音乐曲调、节奏和情感的感知，将其转化为自己的绘画表达。他们可以运用水彩、国画、素描等技法，将音乐中的节奏感、情绪和意象转化为色彩、线条和形状，创造出独具个性和想象力的艺术作品。这样的创作过程不仅锻炼了学生的美术创作技巧，更重要的是培养了他们对音乐和美术的感知能力，使他们在艺术创作中能够更好地表达自己的情感和思想。另外，在音乐会或艺术展演中，教师可以让学生设计和制作展览的宣传海报、展示布局等。这样的实践过程可以引导学生进行音乐会或艺术展演的策划与设计。学生可以通过选择音乐作品和美术作品进行搭配，创造出一种独特的观赏体验。在一场音乐会上，学生可以根据音乐作品的风格和情感设计展示布局，并在展示布局中运用美术作品来增强观众的视觉享受。学生可以设计和制作音乐会的宣传海报，通过色彩、字体和布局的运用，吸引观众的注意力

并传达出音乐会的主题和氛围。这个过程中，学生需要运用他们所学到的美术和音乐知识，同时还需要发挥自己的创造力和想象力。通过这样的实践，学生能够提升自己的策划与设计能力，培养自己的创造力和艺术表达能力。在实践过程中，学生还可以与其他相关学科进行交叉学习和合作。例如，在设计宣传海报时，学生需要运用到平面设计的知识和技巧；在设计展示布局时，学生需要考虑到空间布置和视觉效果等因素。这样的交叉学习和合作将帮助学生拓宽自己的知识面，提升综合能力，并培养他们的团队合作精神和沟通能力。

四、注重创新个性培养，促进学生快乐成长

在当今竞争激烈的社会中，培养学生的个性和创新能力已成为教育界关注的焦点。然而，传统的教育方式往往忽视了学生的个性差异和创新潜能的开发。为解决这一难题，美术融合音乐课程应运而生，它不仅为学生提供了一个展示个性的舞台，更为培养学生的创新思维和审美能力提供了良好的平台。学生的个性和特点是多种多样的，因此，注重个性化的教学方式是美术和音乐融合课程开发的重要原则。在教学中，教师要根据学生的特点和兴趣，不断创新教育方式和方法，让学生在学习的过程中得到全面的发展和提升。美术融合音乐课程有个特点就是它的趣味性和互动性。在这样的课程中，学生将通过各种创意活动和游戏，享受到艺术创作的乐趣。他们将有机会去观察、感受和思考，从而培养出对美的独特感知和欣赏能力。同时，他们也将通过参与多种艺术活动，积极锻炼自己的审美能力和创造力，不断开拓自己的艺术视野。美术融合音乐课程无疑将为学生的快乐成长带来更多机会和可能。在这样一个注重创新个性培养的教育环境中，学生不再被束缚于既定的教学模式和标准答案。他们将有机会去发现自己的艺术天赋和兴趣，并在老师的指导下，不断探索和实践。他们将学会如何用自己的方式去诠释艺术，去表达自己的思想和感受，也将为学生们的未来发展打下坚实的基础。此外，美术融合音乐课程还注重培养学生的创新思维。创新是社会发展的驱动力，培养学生的创新思维已成为当今教育的重要任务。在这个信息时代，创造力和创新精神已经成为一个人成功的重要因素。融合课程正是培养这些素质的最佳途径之一。通过参与美术融合音乐课程的学习和实践，学生将被培养出独立思考、创造性解决问题的能力，并在未来的学习和工作中得到更好的发展。

与传统的美术课程相比，美术融合音乐

课程更加注重个性培养，而这种个性的培养正是美术融合音乐课程追求的目标。学生在这门课程中不再是机械地模仿，而是通过创造力的发挥，展现出自己独特的艺术风格。他们将在音乐的引导下，通过绘画来表达自己的情感和思想，从而形成独特的艺术语言。这种个性的培养，将激发学生的自信和创新能力，使他们在艺术领域中脱颖而出。然而，美术融合音乐课程的意义远不止于此，它更带给学生快乐成长的机会。艺术，是人类情感和灵魂的抒发，是构筑心灵世界的桥梁。美术融合音乐课程，则为学生提供了一个追寻快乐并与之共舞的平台。他们在音乐的节奏中，感受到绘画的魔力；在色彩的交织中，感受到音乐的韵律。这种快乐的成长，不仅仅是对艺术的追求，更是对生活的热爱和感悟。

五、践行多元融合教育，提升学生核心素养

美术和音乐融合的教育理念，是一种交融性的教育。在教学中，教师要将美术和音乐有机地结合起来，让学生在学习的过程中感受到美术和音乐的交融所带来的无限想象，从而让学生得到全面而深入的发展。核心素养是指学生在学习过程中所形成的一种综合能力，包括思维能力、创新能力、沟通能力等。美术融合音乐课程将使学生在实践中不断锻炼这些核心素养。比如，融合课程设置了"古典音乐之美""色彩与音符的碰撞"等一系列的主题，教师给每个学生发放一张白纸，并告诉他们要在音乐的启发下进行创作。学生们按照自己的感受，随着音乐的旋律，在画纸上挥洒着自己的创造力。他们用线条勾勒出音乐的节奏，用颜色表达出音乐的情感，创作出了一幅幅富有活力和个性的艺术作品。在创作这一些画作时，学生需要思考如何通过线条、色彩和形式来表达音乐所传递的情感，这样的实践将使学生的思维变得更加灵活。通过多元融合的教育方式，能够更好地培养学生跨学科思维和解决问题的能力。

美术融合音乐课程的实施需要教师具备丰富的艺术知识和教学经验，以及教育敏感性和创新意识。他们需要充分了解两种艺术形式和媒介的特点、内涵，以及如何将其融合在一起进行教学。在教学过程中，教师需要引导学生进行艺术实践和创作，同时提供必要的指导和反馈，帮助学生不断完善和发展自己的创作能力。在美术融合音乐课程中，评价也是一个关键的环节。传统的评价方式可能难以适用于这样的融合课程，因为学生的作品和表现往往是多样化和独特的。因此，教师需要设计出适合这门课程的评价方法和标准，关注学生的创造力和思维方式。同时，评价也应该注重学生的学习和成长过程，而不仅仅是结果。美术融合音乐课程的实施需要学校和教师的共同努力，学校应该为教师提供充足的资源和支持，为课程的开展提供保障。教师则需要不断提高自己的专业水平，积极探索教学方法，为学生提供更好的教学体验。只有学校和教师共同努力，才能使美术融合音乐课程真正发挥出它的教育价值。

六、加强课堂互动教学，引领学生思维拓展

美术融合音乐课程的开发需要注重教学的互动性，在教学中师生要建立良好的互动关系。互动式学习是一种以交流合作为主，注重团队合作的学习方式，它可以培养学生的社交能力和合作能力。通过美术与音乐的相互渗透、相互熏陶，课堂互动教学得以加强，学生的思维也得到了拓展。在传统的美术课堂中，学生通常是在静态的画面中发现美的，而音乐则是一种动态的艺术形式，能够在无形中让画面生动起来。通过美术与音乐的融合，学生不仅感受到音乐中所传达的情感和节奏，还可以将其融入自己的绘画中去。这样一来，课堂不再是单调的教学，而是一个充满活力和创造力的空间，激发了学生的自主性和创造力。在传统的美术课堂中，学生往往是被动的接受者，老师则是知识的传授者，而在美术融合音乐课程中，学生被赋予了更多的主动权，可以通过音乐来表达自己的情感和思想，老师则成为了学生的引导者，与学生一起探索艺术的奥妙。通过互动的方式，学生不仅能够更深入地理解美术和音乐的内涵，而且能够培养自己的创造思维和创新意识。为了实现美术与音乐的融合，教师应当采取一系列的互动教学策略。比如，当播放一首优美的钢琴曲时，教师可以让学生观察一幅秀美的山水画，接着学生们闭上眼睛，放松身心，沉浸在音乐与画面的世界中。音乐轻柔悠扬，如流水般缓缓流淌，与画中的山水融为一体，学生仿佛置身于画中，感受到其中的美妙与宁静，在这个跨学科课程中，学生被带入一个充满想象力和创造力的艺术世界。课程的第一阶段以音乐为主导，通过引导学生聆听音乐，让他们感受到音乐的力量和情感的表达。学生分享他们对音乐的想法，用自己的语言来表达他们对这幅画的感受。这一过程帮助学生培养他们的音乐欣赏能力，这样教师的角色也发生了一定的变化，教师可以通过提出开放性问题，激发学生的思考和讨论，可以通过评价和反馈，激励学生自主学习。通过这样的互动教学方式，学生能够更好地拓展自己的思维和创新能力。第二阶段以绘画为重点，学生学习不同的绘画技法和表现手法。通过观察艺术作

品和实践绘画，学生将了解如何通过线条、色彩和形式来表达情感和思想。他们将被鼓励表达自己的感受，并运用所学的绘画技巧创作自己的艺术作品。在课程的第三阶段，学习如何将音乐中的旋律、节奏和情感转化为绘画中的线条、色彩和形式。通过这种创造性的表达方式，学生不仅能理解绘画和音乐之间的关系，还将培养自己的艺术创造力和表达能力。在课程的最后阶段，学生将分享他们的作品，并进行艺术展览。通过展览，学生将有机会展示他们的艺术成果，并进行互动和交流。这不仅是对学生创作能力的肯定，也是对他们综合能力的展示。通过这个美术融合音乐课程案例，学生学会欣赏艺术，表达自己的思想和情感，并与他人进行有效的合作和交流。这种绘声绘色的课程将为学生提供一个全面发展的艺术教育平台，引领他们进入一个充满创造力和想象力的艺术世界。

除了加强课堂互动教学，还应注重培养学生的审美品味和批判性思维。在美术与音乐融合的课程中，学生不仅要学习艺术技巧，更要学会通过艺术的语言表达自己的情感和观点。例如，在一堂名为"艺术与社会的对话"的课程中，教师选取安迪·沃霍尔的著名人物绘画系列。安迪·沃霍尔作为波普艺术的倡导者和领袖，除了在绘画领域的杰出成就外，他还以电影制片人、作家、摇滚乐作曲者、出版商等多重身份闻名于世。提起绘画对音乐创作的影响时，安迪·沃霍尔这个名字便成为了无法绕过的存在。这位跨界大师以其独特的视角和敏锐的洞察力，"画"出众多音乐佳作。学生需要鉴赏这些艺术作品，了解画作之外的音乐，思考艺术家想要表达的意义，然后结合社会背景和自己的观点，进行批判性的思考和讨论。通过这样的课程设计，可以培养学生独立思考和创造性表达的能力，并提高他们的审美品味和艺术鉴赏水平。

第二节　美术与音乐课程融合的路径

艺术是一种普遍存在于人类社会中的表达形式，它不仅仅是为了满足人类的审美需求，更是为了表达人类对于生命、自然、社会、历史等方面的感悟和体验。在当今社会，艺术教育具有重要的意义。在艺术教育中，美术和音乐是两个重要的学科，它们之间存在着密切的联系和互动。为了实现美术与音乐课程的融合，应积极探索课程融合的新路径、新方法。

一、建立跨学科的教学团队

为了成功地实施美术与音乐课程的融合，需要建立一个高效而协作的教学团队。教学团队的核心应该是具备丰富艺术经验和教学经验的美术老师和音乐老师，他们负责制定课程大纲、设计教学内容以及评估学生的学习成果。他们需要密切合作，共同制定教学计划，并根据学生的兴趣和能力调整课程内容。在教学团队中，教师们应该积极合作，相互借鉴和学习。可以定期举行教研活动和研讨会，分享彼此的教学经验和教学资源。可以相互观摩对方的课堂，学习不同的教学方法和技巧。在团队的支持和鼓励下，每个教师都能不断提高自己的教学水平，为学生提供更好的教育。此外，为了更好地融合美术和音乐，教学团队还可以邀请专业艺术家来学校进行讲座和成立工作坊。他们可以与学生分享自己的创作经验和专业知识，激发学生的创造力和艺术热情。

美术融合音乐课程，是一门富有艺术灵感和创造力的综合性课程，由美术和音乐教师共同参与，共同设计和实施。这门课程将美术和音乐两个艺术学科融为一体，通过跨学科的教学方法，为学生提供了一个全新的学习体验。要实现美术与音乐教学的艺术融合，需要教师具备跨学科的能力与视野。教师应具备一定的美术与音乐知识，同时了解两个学科的特点与内涵，以及彼此之间的联系与互补之处。只有教师本身具备了这种能力，才能够将美术与音乐的元素融入教学过程中，创造出有机的艺术教学活动。

在这门课程中，美术和音乐教师一起合作，共同探索美术和音乐之间的联系和共同点。通过绘画、雕塑、工艺美术、摄影、设计等美术技巧，结合音乐创作、演奏、声音艺术等，培养学生的审美意识和艺术表达能力。通过这种跨学科的教学方式，学生将更好地理解和欣赏艺术的多样性和独特性。在课程设计方面，美术和音乐教师将共同制定教学目标和内容，并根据学生的兴趣和特长进行个性化的教学。在课程实施方面，美术和音乐教师可以共同组织艺术展览和音乐会，同时也让学生有机会展示自己的艺术作品和参与音乐演出。这不仅是对学生学习成果的一种回顾和总结，更是对他们艺术才能的一种肯定和鼓励。

二、制定融合课程的教学方案

制定融合课程的教学方案，确保融合课程的内容能够兼顾美术和音乐融合的要求。教学方案要设计合理，注重培养学生的观察能力和艺术思维。应充分考虑学生的年龄特点和认知水平，采用启发式教学法，引导学生从感性认识到理性认识。针对融合课程可以分为三个层次进行教学，分别是基础训练、创作实践和综合展示。在基础训练阶段，引导学生学习美术和音乐的基本知识，比如绘画的构图、音乐的节奏等，培养学生的感知能力和鉴赏力。在创作实践阶段，组织学生进行一系列的创作活动，如音配画、画配乐等，以激发学生的创造力和想象力。在综合展示阶段，组织学生进行集体展示，如艺术展览、小型音乐会等，以展示学生的成果和提升他们的艺术修养。为了帮助学生更好地理解和感受融合课程的内涵，在美术方面，可以准备一些具有代表性的美术作品，让学生观察和模仿。在音乐方面，可以准备一些经典的音乐作品，让学生欣赏和分析。同时，还可以提供一些乐器和乐谱，让学生进行实践性的音乐演奏。

三、创造良好的教学环境

美术融合音乐课程是一门独特而有趣的课程，为学生提供了一个全新的学习方式和体验。然而，要实现这样的融合教学，需要提供良好的教学环境和资源，需要学校和教师的共同努力。一般应配备艺术融合教室，以满足学生们对艺术表达的需求。教室的摆设、墙面的装饰、空间的布局，都应该与美术、音乐的教学氛围相契合，使学生在感受艺术的同时，能够沉浸其中，激发出他们潜在的艺术才华。同时，教室的灯光、音响设备等也应具备一定的品质，以确保良好的教学效果。只有创造出一个艺术氛围浓厚的教学环境，才能更好地引领学生进入艺术的殿堂。在这个环境中，学生能够感受到艺术的力量和情感的流动，激发他们的创造力和想象力。因此，教室的布置和装饰应具有美感和艺术氛围，以激发学生的艺术灵感。教室的墙壁可以挂上一些著名艺术家的画作，让学生在美的世界中徜徉，这样不仅能够美化教室，还能够引导学生对艺术作品的欣赏和理解。教室的摆设也需要与艺术教育相协调，可以摆放一些艺术品和一定数量和种类的乐器，以展示不同艺术形式的魅力。此外，还可以设置一个小型艺术展览区，让学生的作品能够展示出来，激励他们更好地创作。

另外，艺术教育需要丰富的教学资源和场所。学校应该建立艺术资源库，收集和整理优秀的艺术作品和相关文献资料，供学生参考和学习。此外，学校可以与博物馆、画廊、音乐厅等艺术机构进行合作，为学生提供参观和学习的机会。这样的合作不仅可以让学生亲身感受到艺术的魅力，还可以拓宽他们的艺术视野，培养他们对艺术的鉴赏能力和审美情趣。除了教学环境和资源，创造良好的教学氛围也是促进美术与音乐融合课程的重要因素。教师应该以身作则，对艺术充满热情和追求，激发学生对艺术的兴趣和热爱。同时，教师应该鼓励学生多进行艺术交流和合作，通过与同学们的互动和分享，可以相互启发，提高艺术水平，培养沟通能力。

四、加强对教师的培训和指导

教师是教育工作的中坚力量，他们的专业素养和教学能力直接影响着学生的学习效果。在美术与音乐的融合课程中，教师需要具备广泛的知识储备和敏锐的艺术洞察力，以引导学生发现美的奥秘。教师需要了解不同艺术形式的特点和发展历程，熟悉艺术家的作品，掌握艺术创作的技巧和方法。此外，还需要具备教学设计和组织能力，能够根据学生的特点和需求，发掘和设计符合学生发展需求的课程内容和教学活动。

然而，目前对美术与音乐融合课程的培训和指导相对不足。许多教师缺乏相关的知识和技能，无法有效地引导学生进行创作和表达。因此，亟需加强对教师的培训和指导，提升他们的专业水平和能力。首先，应该建立完善的培训体系，为教师提供系统性的培训课程。培训课程应该包括美术与音乐的基础知识和概念，艺术创作的技巧和方法，教学设计和组织的理论与实践等内容。通过培训，教师可以不断扩展自己的艺术视野，提升自身的专业素养和教学能力。其次，需要加强对教师的指导。指导可以通过定期的教研活动、教学观摩和个别指导等形式进行。教研活动可以为教师提供交流和分享的机会，使他们能够相互借鉴和学习。教学观摩则可以让教师亲身感受到优秀教师的教学方法和效果，激发他们的教学热情和创造力。个别指导则可以针对每位教师的特点和需求，提供有针对性的指导和建议，帮助他们解决教学中遇到的问题和困惑。此外，还应该鼓励教师参与专业社团和学术交流活动，拓宽他们的交际圈子和知识网络。专业社团可以为教师提供一个交流和合作的平台，使他们能够与同行共同探讨和解决教学中的难题。学术交流活动则可以让教师了解最新的研究成果和教育理念，不断更新自己的教学观念和方法。最后，可以通过评价和激励机制，激发教师的积极性和创造力。通过评价机制，可以对教师的教学表现进行全面评估和反馈，发现他们的不足和优点，促进他们进一步提高。激励机制则可以通过给予教师一定的奖励和荣誉，鼓励他们在美术与音乐融合课程中的教学创新和研究工作。美术与音乐融合课程是一门充满创造力和想象力的课程，它能够激发学生的艺术兴趣和才能，培养他们的审美能力和创造力。然而，要实现这一目标，必须加强对教师的培训和指导。只有这样，教师才能在教学中融会贯通，将美术和音乐有机地融合起来，为学生提供全面的艺术教育。

五、构建全面而系统的融合课程体系

为了实现美术与音乐的融合，需要建立一个全面而系统的课程体系。在课程设计方面，美术与音乐课程应该进行有机的融合，形成一个完整的教学体系。课程设置应充分考虑美术与音乐之间的相互关系和互补性，将美术与音乐元素有机地结合起来。

在美术融合音乐课程的体系框架设计中，首先需要明确课程的目标和核心内容。美术和音乐的基本知识和技能是课程的基石，包括色彩、构图、线条、节奏、旋律等，学生需要通过学习这些基本要素来理解和掌握艺术的语言和表达方式。同时，课程还应该注重培养学生的创造力和表达能力，鼓励他们从个人的角度去思考和表达艺术。其次，课程的内容应该具有层次性和渐进性。美术和音乐的学习是一个不断深入和拓展的过程，学生需要从简单到复杂，从基础到高级地逐步学习和掌握各种技能和概念。因此，课程的内容设计应该有一个清晰的层次结构，以确保学生能够逐步推进。此外，课程还应该注重实践和体验。美术和音乐是需要实践和体验才能真正理解和掌握的艺术形式，学生需要通过实际的创作和表演来加深对美术和音乐的理解和体验。因此，课程的设计应该包括大量的实践活动，以使学生能够亲身参与和体验艺术创作的过程。此外，课程还应该注重跨学科和跨文化的融合。美术和音乐不受国界和种族的限制，具有广泛的应用和表达方式。因此，课程的设计应该将不同的艺术形式和文化元素融合在一起，让学生能够了解不同文化和艺术传统的多样性，以提高他们的艺术修养和跨文化交流能力。

六、开展核心素养导向的项目化教学

美术与音乐课程融合还需要通过项目化教学的方式来实现。项目化教学是一种以项目为核心的教学模式，通过跨学科的合作与整合，将不同学科知识与技能有机地结合起来，形成一个完整的项目。在美术与音乐融合教学中，可以通过项目的形式将两个学科的内容融合在一起。比如，可以设计一个以某个历史人物为主题的项目，学生通过绘画、音乐、表演等方式，展现这个历史人物的形象和精神内涵。在这个过程中，他们不仅学习美术和音乐的技能，更重要的是，他们通过艺术表达，深入理解历史人物的思想和情感，从而获得一种全新的认知和体验。通过项目化教学的方式，美术与音乐的融合教学可以更加贴近生活，贴近学生的兴趣和需求。学生可以选择自己感兴趣的项目进行学习，激发他们的学习兴趣和积极性。在项目化教学中，教师的角色也发生了转变。教师不再是知识的灌输者，而是项目的设计者和指导者。他们需要根据学生的需求和兴趣，设计出具有挑战性和创造性的项目，引导学生进行独立思考和实践。同时，教师还需要提供必要的指导和支持，帮助学生克服困难，展现他们的才华和创意。例如，可以设计一个名为"色彩与音符的交响"的艺术项目。在这个项目中，学生将学习色彩和音乐的基本知识，了解不同色彩和音符的特点及其在艺术创作中的运用。同时，他们还可以通过绘画与音乐的结合，创作出一幅表现色彩与音符相互交融的作品。在项目的设计中，可以引导学生通过感官的交互来探索色彩与音符的关系。通过观察不同颜色所能带来的情感和音乐所能表达情感之间的共通之处，学生可以更深入地理解色彩和音符的魅力。同时，通过绘画的创作过程，还可以培养他们的专注力、耐心和团队合作精神。在项目实施过程中，可以邀请专业的美术和音乐教师共同指导学生的创作。美术教师指导学生如何运用色彩和线条来表达音符所带来的情感，如何利用不同的绘画材料和技法来增强作品的艺术效果。音乐教师启发学生如何运用不同的音乐元素和乐器来表达色彩所带来的情感，如何通过音乐的节奏和旋律来丰富作品的艺术内涵。在项目的最后阶段，可以组织一次名为"色彩与音符的交响会"的艺术展览和音乐表演，让学生有机会展示他们的作品，并与观众进行交流和互动。这不仅能够增加学生的自信心，还能够让他们更好地理解和欣赏他人的作品，从而进一步提升他们的艺术鉴赏能力。

项目化教学以项目为核心，通过跨学科的合作与整合，将不同学科知识与技能有机地结合起来，形成一个完整的项目。在美术与音乐融合教学中，项目化教学能够为学生提供更多的机会和空间，让他们在学习过程中充分发挥想象力和创造力，培养综合素质，提高艺术修养。在项目化教学中，教师可以设定一个具体的主题或任务，例如"城市的韵律""山海礁响"等，然后引导学生通过调查研究、实地观察、文献阅读等方式，探索美术与音乐的融合点。学生可以通过绘画、雕塑等方式，将自己对主题的理解和感受进行表达。他们可以运用色彩、形式、线条、形状、空间、肌理、明暗等美术元素，结合声音、节奏、乐器等音乐元素，创作出充满艺术感的作品。

项目化教学不仅能够促进美术与音乐的融合，还有助于培养学生的综合素质。在项目化教学中，学生需要积极参与团队合作，共同完成一个项目。他们需要合理分工，进行交流协作，培养自己的沟通能力和团队合作精神。同时，项目化教学还能够培养学生解决问题的能力。然而，要实现美术与音乐教学的艺术融合，仅仅依靠项目化教学还是不够的。教师在教学过程中，需要充分发挥自己的专业素养和创造力，设计和引导学生进行艺术创作。

七、建立科学合理的评价体系

在评价体系方面，美术与音乐融合课程需要建立科学合理的评价体系，使学生的艺术表现能够得到有效的反馈和指导。传统的评价方式往往注重结果，重视形式而忽视过程，容易导致学生功利化的学习态度。在美术与音乐融合课程中，应该注重对学生的创作过程和思维方式进行全面评价，鼓励学生在创作中尝试和探索。可以采用综合评价的方式，综合考虑学生的作品表现、创作思路、艺术素养等方面，给予学生全面、客观的评价。同时，还应注重学生的自我评价和互评，激发学生自我反思和自我提高的动力。

美术与音乐融合课程作为一门融合了美术与音乐的跨学科课程，在评价体系方面的建立显得尤为重要。科学合理的评价体系不仅能够帮助学生更好地了解自己的艺术表现，还能够为学生提供有效的反馈和指导，推动学生在艺术领域的持续发展与成长。

在建立科学合理的评价体系时，需要明确评价的目标与标准。艺术作品的评价是一个相对主观的过程，因此，需要制定一套评价标准和参考指南，以确保评价的客观性和准确性。评价的目标应该是全面的，既要注重学生的艺术技巧与才华，也要注重学生的创新能力与想象力。只有这样，才能真正体现学生在艺术表现方面的综合能力。在评价体系的建立中，还需要充分考虑学生的个体差异。每个学生都有自己独特的艺术风格和表达方式，评价体系应该能够充分尊重和包容学生的个体差异，并且为学生提供个性化的指导和发展空间。这就要求评价体系具有多元化的评价方式，不仅仅局限于传统的书面评价，还可以采用口头评价、实践评价、展览评价等方式，不仅要注重学生的技术水平，还要注重学生的艺术思考和创造力。此外，在评价体系的建立中，还需要注重过程评价和结果评价的结合。评价不应仅仅是教师对学生的单向评判，而应该成为一种双向的交流和互动。学生也应该有机会表达自己的看法和意见，以促进评价的公正和客观。科学合理的评价体系需要注重学生的个体差异，在评价体系中，需要设立不同层次的评价标准，以适应不同学生的发展水平。例如，在美术方面，可以设立初级、中级和高级三个层次的评价标准，分别评估学生的美术技巧、创作能力以及艺术表达能力。在音乐方面，可以设立基础、进阶和高级三个层次的评价标准，分别评估学生的音乐知识以及音乐表达能力。这样一来，评价体系才能够更好地反映学生的艺术水平和发展潜力。随着科技的发展，现代技术已经成为评价体系的重要辅助工具。例如，利用数字化的评价工具，可以更加便捷地记录学生的艺术表现，并进行定量化的评估。因此，在建立科学合理的评价体系时，需要充分利用现代技术手段，提升评价的效率和准确性，为学生的艺术表现提供更加有效的反馈和指导。

第三章
美术与音乐的交融互通

第一节　绘画与音乐

通过绘画和音乐，可以更好地理解和感受世界，从中汲取灵感和力量。无论是绘画还是音乐，它们都是无尽的艺术之光，照亮了人类的文明进程，激发了无数创作者的灵感。绘画与音乐在表达方式上有着相似性。绘画以色彩、线条、形状等视觉元素来表现艺术家的情感和思想，而音乐则以音符、旋律、节奏等听觉元素来传达音乐家的情感和思想。无论是绘画还是音乐，让观者或听者在感官的愉悦中领略到深刻的情感共鸣。绘画与音乐在创作过程中都需要艺术家的想象力和创造力。绘画是艺术家将构思通过画笔、颜料等工具材料的运用，创造出独特的形象和场景，将自己对世界的理解和感知以独特的方式展现出来。音乐家则通过旋律、节奏、和声等，运用乐器和声音的特点，将自己的内心世界转化为音乐的语言，让听众在音符的跳跃中感受到艺术家的情感表达。无论是绘画还是音乐，都需要艺术家通过自己的想象力和创造力去创作。

绘画与音乐都能够打破语言的障碍，成为一种超越国界和种族的共同语言。绘画以其色彩和形式的表现力，能够让不同文化背景的人们在观赏作品时产生共鸣。音乐则以其旋律和节奏的魅力，让不同国家和民族的人们在欣赏音乐时感受到情感的共振。绘画和音乐无需言语的翻译，它们以纯粹的艺术语言去传递情感和思想，让人们在欣赏作品时彼此心灵相通。

绘画和音乐的交融，不仅为观者带来了视觉和听觉的双重享受，更为艺术家提供了新的创作空间。绘画家可以通过音乐的灵感，创作出更加富有节奏感和韵律感的画作；音乐家可以通过绘画的启发，创作出更加富有色彩和质感的音乐。绘画和音乐的交融，是艺术家对不同艺术形式的探索和融合，是艺术家对艺术的不断追求和突破。许多电影和动画作品都会运用绘画和音乐的交融来增强观众的感官体验。通过画面的美感和音乐的和谐，能够让观众更好地融入故事情节中，共同感受作品所传达的情感和思想。

案例一：梅清的山水画《高山流水图》与古琴曲《高山流水》

《高山流水》是一首流传至今的古琴曲，旋律柔和清新，表现出了大自然的神韵。这首曲子的音乐节奏和旋律，与山水画的表现手法有着相似之处。山水画是以山水为题材，通过画家的笔墨技法，表现出山水的自然美、诗意美和意境美。古琴曲的音乐和山水画的画面，在艺术上形成了一种异彩纷呈的互动，古琴曲《高山流水》的音乐节奏与山水画的表现手法有着相似之处。曲子从缓慢的节奏开始，使人感受到自然的宁静与舒适。这与梅清山水画《高山流水图》表现的意境十分相似。当欣赏梅清的山水画《高山流水图》时，首先映入眼帘的是峻峭的山峦。山峦高耸入云，其间苍松点缀，宛如一幅恢弘壮丽的自然画卷。古琴曲《高山流水》则琴声悠扬，宛如山泉流水从山顶奔腾而下，婉转悠然间，仿佛让人置身于大自然的山水之间。《高山流水图》描绘出山林间的宁谧和清幽，表现出画家对自然的敬畏之情。在这种情况下，古琴曲与山水画的表现手法达成了一种奇妙的和谐。古琴曲《高山流水》的音乐旋律，表现出了大自然的清新、神秘和壮美，而山水画的艺术表现手法，常常是通过画家的笔墨、用色和构图等技法，表现出自然美和诗意美，这种表现手法与古琴曲的音乐表现手法相似。

写意山水画和古琴曲都追求以极简的手法表达深远的意境。梅清的山水画《高山流水图》以极简的线条勾勒出山势和流水。这种简洁而富有力量感的线条勾勒手法，使得整幅画作更加凝练而有力。古琴曲《高山流水》则以简约的旋律和简单的音符，表达出山水之间的浩渺和壮丽。音符的跳跃和琴弦的轻拨，仿佛一股股清风拂面，让人心旷神怡。正是这种简约而富有力量感的表达方式，使得山水画和古琴曲充满了诗意和哲思，引发人们的无限遐想。

山水画和古琴曲欣赏都注重审美的修养。观者在欣赏梅清的《高山流水图》画作时需要有一种审美的修养，去领悟其中蕴含的美和情感。同样，古琴曲《高山流水》也需要听者具备一定的音乐素养和审美能力，才能真正体验到其中的艺术魅力。

案例二：王冕的花鸟画《墨梅图》与古琴曲《梅花三弄》

梅花是中国传统文化中的一种重要象征，代表着高洁、纯洁、坚贞、不屈的精神，自古以来就是文人墨客笔下的重要题材之一。古琴则是中国传统音乐中的重要乐器之一，其旋律优美、情感丰富，可以激发人们的灵感和创造力。王冕的花鸟画《墨梅图》与古琴曲《梅花三弄》有一个重要的相通性，那就是它们都蕴含了中国传统文化的精髓。花鸟画是中国传统绘画的重要门类之一，它具有浓厚的中国文化气息和深厚的历史底蕴。《梅花三弄》则是一首古老的琴曲，它以优美的曲调表现出了中国古典文化中的雅致和古朴。

自古以来，中国人对自然景物的热爱与表达是无可比拟的。花鸟画刻画了自然界美丽的生灵和花卉，展现了中国人对自然之美的赞美与敬畏，而古琴曲作为中国传统音乐的瑰宝，以其独特的旋律与优雅的音色，抒发了中国人对自然世界的思考与感悟。在这样一个充满诗意与哲理的艺术领域里，王冕的花鸟画《墨梅图》与古琴曲《梅花三弄》自然就有了很好的融合点。王冕的《墨梅图》是中国花鸟画中的经典之作，将墨梅的形态与神韵完美地展现了出来。画中的梅花姿态清雅，如同寒冬中的一抹生机，显得格外耀眼。王冕的笔法独特而细腻，墨色浓淡相宜，梅花的干枝与花朵的相互呼应，构成了一幅寂静而高雅的画面。这种静谧而内敛的美，与古琴曲《梅花三弄》相契合。《梅花三弄》是古代琴曲中的一首名曲，以描绘梅花的美丽与坚韧而著称。这首曲中的旋律如同梅花盛开的姿态，轻盈而自由，充满了生命的力量与张力，曲调优美而悠扬，舒缓而富有变化，仿佛在梅花的世界里徜徉。曲中的琴音如同梅花花瓣轻柔而明亮，散发出淡淡的清香。曲调时而低吟，时而高扬，又如同梅花的姿态，时而低垂，时而挺拔。整首曲子以独特的旋律展现了梅花的坚韧与不屈的精神，展示了梅花的纯粹与高洁。正如王冕的《墨梅图》一样，古琴曲《梅花三弄》也倾诉着对梅花的赞美之情，表达了对自然之美的感悟与敬畏。

花鸟画与古琴曲有着相似的美学追求，它们都试图通过艺术的手段表达自然之美以及人与自然的关系。在花鸟画中，艺术家通过精湛的技法与细腻的笔触，将自然界的美景展现在观者面前；在古琴曲中，音乐家则通过琴音的起伏与旋律的变化，将自然界的美妙之音传达给聆听者。这种对自然美的追求与表达，蕴含了对自然与人之间关系的思考与感悟。正因为花鸟画与古琴曲拥有如此相似的美学追求，所以它们在艺术表达上有着许多共同之处，都追求一种内在的高雅与纯粹。

案例三：傅抱石的人物画《平沙落雁》与古琴曲《平沙落雁》

傅抱石擅长写意人物画，其作品以简练、深邃的笔墨风格著称。《平沙落雁》是傅抱石的写意人物画作品，一人低首，一人抚琴，琴声、水声与雁声，仿佛可在观者耳畔响起，面对飞翔的雁群，表达了一种孤独、豁达的情感。古琴曲《平沙落雁》以舒缓的节奏和清丽的泛音开始，描绘了秋江上宁静而苍茫的黄昏暮色，然后旋律一转变为活泼灵动，点缀以雁群鸣叫呼应的音型，最后又复归于和谐恬静的旋律中，犹如一幅美丽的长卷。这首曲子与傅抱石的人物画《平沙落雁》呈现出一种奇妙的对话。曲子中的悠扬节奏，配合傅抱石的深邃笔墨，带领人们进入一个充满诗意和情感的世界。

在《平沙落雁》这幅画中，高士正临流抚琴，江水从远处逶迤流来，高士静拂弦丝，悠扬舒缓的古琴声与水声互相映和，给人空旷、幽邃之感。画面中一行大雁从远处缓缓飞来，仿佛雁群不时传来清脆的鸣叫声。雁鸣声与近处的琴声、流水声相互应和，更增添了氛围的幽邃和宁静。在画面构图上，画家将焦点集中在下半部分，高士抚琴作为画面的主体。傅抱石的人物画《平沙落雁》以写意的手法，将琴声、水声、鸟声等各种声音巧妙地融入画面中，将无形的声音转化为形式上的艺术表现，让观众在欣赏画面的同时，仿佛听到了美妙的音乐。这种情感的传递，正是美术融合音乐课程绘画创作实践所能带来的艺术体验。傅抱石的人物画《平沙落雁》和古琴曲《平沙落雁》带给人们的是一种超越语言的美感，它让人们沉浸于艺术的世界中，感受到大自然的奇妙和宇宙的宏伟。

案例四：蒙德里安的画作《百老汇爵士音乐》与爵士乐

《百老汇爵士音乐》是蒙德里安在艺术创作中对爵士乐的独特诠释，彰显了绘画与音乐之间的奇妙互动。蒙德里安以色块的形式，通过一系列垂直和水平的线条，将现实世界的形态抽象化，构建了一个复杂而富有节奏感的图案，仿佛是一支爵士乐队的演奏现场。正如音乐中的旋律与和声相互融合，蒙德里安在画作《百老汇爵士音乐》中运用了多种色彩并置的技巧，使得整幅作品充满了和谐而充沛的能量。画面中的几何形状和有序的排列，仿佛是音乐中的节奏与和谐，使人不由自主地沉浸其中，感受到了节奏的律动与音乐的韵律。红色、黄色和蓝色等鲜明的色彩交织在一起，又产生了强烈的振动感,仿佛音乐的节拍一样引领观众进入一场华丽而狂野的音乐会。作品中的几何线条和明亮色彩并不是简单的装饰,而是蒙德里安对爵士乐核心特点的独特解读。爵士乐作为一种独特的音乐形式,强调即兴创作和个人表达。蒙德里安通过线条的错综复杂和色彩的变化,恰如其分地捕捉了爵士乐中那种自由而富有张力的表现方式。

爵士乐以其独特的节奏与和声,融合了非洲音乐、欧洲音乐、拉丁音乐等多种元素,成为一种极具个性和自由的音乐体裁。蒙德里安用几何形状和颜色营造出的视觉效果一样也体现出一种非常强烈的节奏感。这种节奏感让人不由得想起爵士乐中的"摇摆感",非常具有魅力,让人感受到一种非常独特的美感。《百老汇爵士音乐》的构图也与爵士乐的即兴表演有着相似之处。爵士乐强调音乐家的个人表演和即兴创作,而不拘泥于固定的旋律和节奏。同样的,蒙德里安在这幅作品中,没有受到传统绘画规则的束缚,他以自己独特的方式表达了对音乐的理解和追求。画面中的直线和方块,仿佛是音乐家们即兴演奏时的音符与和弦,带有一种自由而奔放的艺术感。绘画和音乐都是创作者表达内心情感的工具,它们通过不同的媒介,传达着共同的情感。绘画可以用色彩和形状来表达,而音乐则可以通过音符和节奏来传递。然而,在这种不同的表达方式下,它们却能够在观者和听者的心灵深处产生共鸣。

在蒙德里安的作品《百老汇爵士音乐》中,不仅可以感受到绘画与音乐之间的相似性,更能够领略到艺术的无限可能。绘画与音乐的结合不仅在表现形式上有所突破,更在艺术创作的领域中打开了新的大门。正如蒙德里安通过几何线条和明亮色彩的组合创造出了一幅充满活力的作品,艺术家们也应该在不同的艺术形式中寻找新的创作灵感,让艺术之花绽放出更加绚烂光彩。

案例五:康定斯基的画作《第十乐章》与交响乐

康定斯基的画作《第十乐章》以其神秘的、极富表现力的形式,引发了人们对绘画与音乐之间相似性的深思。康定斯基的创造性发明是从音乐中获得美学启迪,这种启发使他能够在画布上创造出一种独特的、抽象的语言。康定斯基相信绘画与音乐有着相似的结构,他认为色彩和形状可以像音符和音乐元素一样,通过组合和排列,创造出一种独特的视觉旋律和情感共鸣。他将绘画视为一种无声的音乐,通过用色彩和形状来表达情感和思想。他在画作《第十乐章》中采用了抽象的形式,将色彩和线条的运动与音乐的旋律和节奏相对应,创造出一种独特的绘画语言。在画作《第十乐章》中，康定斯基以色彩的运动和形状的变化来模拟音乐的旋律和节奏。他运用了大胆而丰富的色彩，将它们分割、重叠和交错，形成一种动感的视觉效果，仿佛在表达一种强烈的音乐节奏。他用线条和形状的运动来模拟音乐的起伏和跳跃，创造出一种动态的空间感。通过这种表达方式，康定斯基成功地将视觉和听觉的感知融合在一起，达到了一种新的绘画形式。康定斯基的创作方式颠覆了传统的绘画观念，他不再局限于形象的再现，而是通过色彩和形状的组合来表达情感和思想的内涵。他的作品充满了个人的情感和内心的冲突，通过色彩的对比和形状的碰撞，呈现出一种强烈的戏剧性和表现力。这种独特的表达方式使他的作品具有一种独特的魅力和吸引力。欣赏这幅画时，仿佛可以听到一曲激昂的交响乐，乐章的旋律和节奏在画面中跃然纸上。

画作《第十乐章》以鲜明的色彩和有力的线条构成，形成了一种独特的节奏感。这种节奏感仿佛是乐曲中的旋律和节奏在画布上的延伸，如同一首交响乐，它以不同的乐器和声音的组合来表达情感，使人们产生一种身临其境的感受。康定斯基的画作《第十乐章》不仅是对音乐的一种美学启示，更是对绘画艺术的一种革新。通过对音乐的独特诠释和创造，康定斯基打破了传统绘画的束缚，创造出了一种全新的艺术语言和表达方式，使得观者能够通过视觉和听觉的双重感知来感受艺术的美妙和魅力。

案例六：达·芬奇的画作《蒙娜丽莎》与海顿的交响曲《玛丽亚·泰利莎》

在古典主义艺术的世界中，绘画与音乐一直以来都有着紧密的联系。正如达·芬奇的画作《蒙娜丽莎》和海顿的第四十八交响曲《玛丽亚·泰利莎》一样，它们以各自独特的方式展现了古典主义艺术追求的完美。达·芬奇的《蒙娜丽莎》无疑是古典主义绘画的瑰宝，蒙娜丽莎的微笑、姿态以及背景中的景象，无一不呈现出一种和谐与平衡的美感。她的眼神晶莹而深邃，直接映照着人类灵魂的深处。达·芬奇通过精湛的画技和细腻的表现手法，将蒙娜丽莎的美与她内心的世界完美地融合在一起。这种内在的平衡感使得观者在欣赏这幅作品时，仿佛感受到了生命的宁静和悠远。达·芬奇通过精确的透视和光影的运用，将这位神秘的女子形象化为一种超越时间与空间的存在，使观者陶醉其中。同样，海顿的第四十八交响曲《玛丽亚·泰利莎》也是古典主义音乐的经典之作。这首交响曲是专为泰利莎皇后而作，从开头那壮丽的管乐开始，就仿佛将人们带入了一个庄严而华丽的宫廷舞会。海顿运用丰富的和声和连贯的旋律，将泰利莎的气质和个性淋漓尽致地展现了出来。海顿以其丰富的和声与巧妙的构思，将音乐的力量与情感的表达完美地结合在一起。音符在空中舞动，如同画家在画布上挥洒着颜料一般，创造出一幅幅饱含深情的音乐画卷。这种音乐的内在平衡感使得听众在欣赏这首交响曲时，仿佛跟随着音乐的旋律，漫游在音符的海洋之中。整个作品的曲风庄重而优雅，旋律的流畅与和声的丰富交织在一起，给人一种高贵与庄重的感觉。这正是古典主义音乐所追求的完美与内在平衡。

古典主义绘画与古典主义音乐之间存在着许多相似之处。无论是对内在平衡和和谐的追求，还是理性和客观的表达方式，抑或是对人类理想和价值的追求，这些共同点使得古典主义绘画和古典主义音乐都彰显出一种高尚和庄重的艺术风格，它们相互借鉴、相互影响，共同构筑了古典主义时期的辉煌与卓越。

案例七：弗里德里希的画作《云海漫步者》与舒伯特的声乐套曲《冬之旅》

在欧洲浪漫主义时期的绘画与音乐作品中，神秘主义的元素也得到了充分的体现，绘画作品通过色彩的运用、光线的处理以及构图的布置，创造出一种神秘而又不可捉摸的氛围。例如弗里德里希的《云海漫步者》，画家利用暗淡的色彩与模糊的轮廓，使观者感受到一种神秘而又梦幻的氛围。在他的作品中，孤独、沉思、迷茫这些浪漫主义的主题贯穿其中，将人们的内心情感与自然景观相结合。据不完全统计，以弗里德里希画作作为封套的古典音乐唱片，至少有 500 种。这其中，最为引人注目的当属《云海漫步者》，它以其美轮美奂的画面和独特的意象，成为了音乐唱片的封面之王。弗里德里希的画笔仿佛是一支奏鸣曲，带我们进入一个美妙的音乐世界。画面中，云雾缭绕，山峦起伏，宛如一首华美的交响乐曲，在听觉和视觉间律动。这种将绘画与音乐融合的创作方式，既有着偶然与巧合，又有着内在共通性的必然。浪漫主义精神，正是连接这两者的纽带。浪漫主义追求的是内心的强烈感受和情感的表达，它是艺术家们对于自然和人类情感的共鸣。因此，就不难理解为何《云海漫步者》这幅画作反复出现在贝多芬、舒伯特、舒曼等浪漫主义音乐家的唱片封面上。

音乐作品中常常使用神秘的和弦以及变奏曲式，来创造出一种神秘而又梦幻的氛围。例如舒伯特的声乐套曲《冬之旅》，音乐家通过和声的不确定性与旋律的起伏，使人感受到一种神秘而又超凡脱俗的境界，那深情的音符，如同一支绘画的画笔，在心灵的画布上勾勒出了浪漫的画面。舒伯特的声乐套曲《冬之旅》是一个充满诗意和深邃思考的例证，向我们展示了作曲家主观心灵与大自然的交融，以及对春天、爱情和生命的渴望与失望。作曲家舒伯特在《冬之旅》中通过音乐的表现手法，将旅行者的情感状态娓娓道来。在这个声乐套曲中，有的充满了对春天的美好幻想，以优美的旋律和温暖的和声，展现了旅行者对春天的渴望和对生命的热爱；有的则透露出旅行者内心的绝望和对生命的消沉，以悲伤的旋律和沉重的和声，描绘了旅行者对失去春天的绝望和对死亡的恐惧。音乐中的旋律与和声，如山谷中的回音和风中的低语，与自然界的声音相呼应。这种交融让人们感受到了自然的力量与美好，也让人们深刻体会到了人类的渺小和无力。正是这种交融，赋予了《冬之旅》以深远的思考和艺术价值。舒伯特的《冬之旅》和声的使用大胆创新，旋律追求更多的变化。通过和声的色彩变化和层次感的叠加，使音乐更加丰满和饱满。这种和声的运用，也使得作品更加充满了浪漫主义的情感。舒伯特的声乐套曲《冬之旅》注重抒发作曲家的内心真实情感，表现了在寒冷冬日的旅行中自己内心深处的情感，使听众能够感受到冬日孤独旅人的独特感受。舒伯特通过音乐的力量，将自己的情感、思想和经历融入其中，使得作品具有浓厚的个人色彩。舒伯特的声乐套曲《冬之旅》以一种神奇的方式将诗歌、音乐和绘画完美地结合在一起。声乐套曲《冬之旅》源自德国浪漫主义诗人威廉·缪勒的同名诗歌。舒伯特的音乐就像画家的笔触一样，将诗中的景色和情感展现得淋漓尽致。当悲伤的旋律轻轻地响起，仿佛雪花飘落，寒风呼啸，独行的旅者在寒冷的环境中徘徊，犹如一幅寒冷而凄美的画作。在声乐套曲《冬之旅》中，舒伯特通过音乐的变化来表现人类的情感起伏。当旅者感到孤独和失落时，音乐变得悲伤而凄美；当旅者感到喜悦和幸福时，音乐变得欢快而奔放。这种音乐的表达方式，犹如一幅幅色彩斑斓的画作，将我们带入一个充满情感的世界。

欧洲浪漫主义绘画与音乐在审美元素上呈现出了令人惊叹的相似性。无论是情感的自由表达、对自然与人性的深刻思考，还是神秘主义的元素，都展现了艺术家们对美的追求与思考。这些作品不仅让我们感受到了艺术的魅力，更让我们对人类的情感与思考产生了深刻的共鸣。

案例八：莫奈的画作《睡莲》与德彪西的钢琴曲《月光》

莫奈的《睡莲》是一系列以睡莲为主题

的绘画作品，它的风格轻盈流畅，给人以梦幻般的感受。德彪西的《月光》是一首著名的钢琴曲，它的旋律婉转柔美，给人以静谧舒适之感。《睡莲》与《月光》两者在不同领域中创作，却都体现了印象主义的精神。在美术与音乐中，印象派的特征表现为对自然景色的捕捉，以及对光线和色彩的表现。《睡莲》中莲花莲叶的真实意象，与水光流泻的意境幻象交织融合，水面似真似幻的光和影，与睡莲的温柔融合得淋漓尽致。德彪西的作品可以当之无愧地称"曲中有画，画中有曲"，他的钢琴曲《月光》听感极具印象派的朦胧与美丽，旋律中蕴含如画般的意境，犹如倾泻下来的万顷恬然而柔美的银色月光，又仿佛是一道弯弯曲曲的小溪流淌。除了旋律与画面的相似之处，莫奈的画作《睡莲》与德彪西的钢琴曲《月光》还有一些更深层次的联系。画作中，画面流畅自由，似乎没有任何的束缚，而《月光》中，旋律流畅，也如同水流般自由，这种流畅的感觉，给人以宁静的感受，让人沉浸其中。此外，在莫奈的画作《睡莲》中，色彩变化多样，有时鲜艳明亮，有时柔和温暖，画面中的色彩斑斓、光影变幻，刻画出了莲池的美丽景色，让人们深刻地感受到自然的美丽和神秘。在德彪西的钢琴曲《月光》中，节奏变化多样，时而轻松欢快，时而缓慢柔和，同样可以听到德彪西对夜晚的美好寄托，以及对自然的敬畏之情。通过这首音乐作品，可以感受到德彪西对大自然的深情厚爱，他用音乐传递出了自己对大自然的感悟和赞美。

将《睡莲》与《月光》进行对比，可以发现在表现手法方面，莫奈和德彪西都是以自然为主题，通过对自然的描绘和表现，表达出自己对大自然的情感。在表现手法方面，都是通过色彩、光影等手法，营造出一种梦幻般的氛围，让人们更加深刻地感受到自然的美丽和神秘。美术融合音乐课程是一种非常有意义的课程形式，它可以让学生在欣赏美妙音乐作品的同时，更加深入地了解到大自然的美丽和神秘。在这样的课程中，莫奈的画作《睡莲》和德彪西的钢琴曲《月光》无疑是非常适合作为授课内容的艺术作品，它们之间的相似性更是让人深深地感受到了艺术的魅力和无限的想象力。

第二节　雕塑与音乐

雕塑，作为一种立体的艺术形式，是雕、刻、塑三种创制方法的总称，不过现代主义的雕塑，在材料及创造手法上都有很高的自由度，可以利用雕、焊接、模塑或铸造的方式，在各种不同的材质上进行创作。雕塑赋予了艺术家无限的创作空间，它可以以人物、动物、自然景观、抽象概念等形式呈现，通过雕塑家的巧妙组合和塑造，赋予作品生命力。雕塑作品通常富有动感和流动感，能够唤起观者内心的共鸣和情感的共振。当我们置身于一件优秀的雕塑作品面前时，往往会被其独特的形态和精湛的工艺所震撼，仿佛置身于一个立体的艺术世界中。音乐，作为一种抽象的艺术形式，通过声音的组合和编排，创造了一种独特的情感共鸣。音乐可以表达人类内心深处的情感和思想，其通过旋律、和声、节奏等元素的变化，诉说着无数个动人的故事。音乐有着强大的感染力，能够引起人们的共鸣和情感的激荡。

在雕塑和音乐这两种艺术形式中，可以看到它们的共性之处。首先，它们都是通过艺术家的创作和表达来传递情感和思想。无论是雕塑家的雕刻刀和锤子，还是音乐家的乐器和嗓音，都是艺术家表达自我的工具。其次，它们都能够唤起人们内心深处的情感共鸣。无论是雕塑作品的动感与流动感，还是音乐作品的旋律与和声，都能够触动人们内心的某一根弦，引发情感的共振。最后，它们都是一种跨越时间和空间的艺术形式。无论是一座古老的雕塑作品，还是一首经典的音乐作品，都能够超越时空的限制，触及人类灵魂的深处。

正是因为雕塑和音乐能够触动人们的内心深处，所以它们在人类的艺术创作中一直占据着重要的地位。比如，无论是《秦始皇陵兵马俑》、《人民英雄纪念碑浮雕》还是古希腊雕刻家阿历山德罗斯的《米洛斯的维纳斯》和意大利雕塑家米开朗基罗的《大卫》这些雕塑作品，还是聂耳的《义勇军进行曲》、冼星海的《黄河大合唱》、贝多芬的《命运交响曲》和肖斯塔科维奇的《第五交响曲》这些音乐作品，都是人类文明与智慧的结晶，都是艺术家对于生命、人性、世界的思考和表达。它们通过形态、声音，将艺术家的情感和思想传递给观众，唤起人们对于生命的热爱和思考。

随着科技的进步和社会的发展，艺术家们有了更多的材料和媒介可以选择，使得雕塑和音乐的创作更加多样化、丰富化。现代雕塑作品不再局限于传统的材料，艺术家可以使用各种各样的材料，如钢铁、玻璃、塑料等，创造出更加独特的作品。现代音乐作品也不再局限于传统的乐器，艺术家可以使用电子设备和计算机技术，创造出更加丰富和奇妙的音乐。在当代艺术中，有许多艺术家尝试将雕塑与音乐相结合，创造出一种全新的艺术形式。例如，艺术家可以将雕塑作品制成能发出音乐的乐器，观众可以通过触摸和敲击雕塑作品来演奏出音乐。这种形式的艺术作品既有观赏价值，又具备了互动性，观众可以通过参与其中来感受雕塑和音乐的魅力。艺术家还可以通过雕塑作品的形态和材质来创作出特定的音乐作品。比如，雕塑作品的形状和纹理可以被转译为音乐的音符和节奏，从而创造出一首具备独特风格和情感表达的音乐作品。这种形式的艺术作品既展示了雕塑和音乐的独特魅力，又让观者在欣赏作品的同时得到了更为全面和深入的艺术享受。

案例一：米开朗基罗的雕塑作品《大卫》与贝多芬的音乐作品《第九交响曲》

艺术一直是人类文明的象征和灵魂的倾诉，就像米开朗基罗的《大卫》雕塑作品一样，它以其完美的比例和线条展现出人体的自然之美，以其雄伟的气势和坚毅的表情，展现了一个英勇、坚韧、不屈的形象，激励人们勇往直前、追求卓越。贝多芬的音乐作品《第九交响曲》是一部宏伟而充满哲理性和英雄性的壮丽颂歌，通过这部作品表达了人类寻求自由的斗争意志，展现了对人类理想的追求和对美好生活的向往。这些作品通过其强烈的表现力和感染力，打动着人们内心深处的情感和思想，使人们产生共鸣并受到启迪。米开朗基罗的《大卫》不仅仅是一座雕塑作品，更是文艺复兴时期人文主义思想的象征。其以对人体形象的完美追求和对人的尊严和自由的崇高赞美，成为后世艺术家们追求的典范。贝多芬的《第九交响曲》是一部具有里程碑意义的作品，其以对自由、个性和情感的强调，对后世音乐家产生了深远的影响，被认为是西方古典音乐史上最伟大的作品之一。《大卫》与《第九交响曲》不仅仅是艺术的杰作，更是人类思想和文化的瑰宝，是我们思想和情感的滋养源泉，引领我们进入更加宽广的艺术境界。

米开朗基罗的《大卫》与贝多芬的《第九交响曲》都散发着宏伟、庄严的气息。米开朗基罗的雕塑作品以其巨大的体量和雄伟的姿态给人以震撼之感，而贝多芬的音乐作品则以其庄重的音调和雄浑的旋律带领听众进入一个宏大的音乐世界。

案例二：雕塑作品《人民英雄纪念碑浮雕》与合唱声乐套曲《黄河大合唱》

雕塑作品通过实体的存在，可以与观者进行直接的互动，让人们通过触摸和视觉的感知来感受艺术家的创作意图。音乐作品则是通过声音的传播，以时间为维度，让人们在听觉的体验中感受到音乐的魅力。

《人民英雄纪念碑浮雕》是我国现代雕塑艺术的杰作，也是对革命先烈的崇高颂扬。浮雕从壮丽的场面到英勇的形象，每一寸雕刻都蕴含着对英烈的深情敬仰。铭刻在浮雕上的每一个面孔，都是铁血染红的英雄，他们的眼神中闪烁着坚韧与决心，他们的身姿展示着勇敢与无畏。通过浮雕的精妙设计和精湛工艺，仿佛能感受到英勇的呐喊和壮烈的豪情，无不被他们的英勇事迹所折服。作品希望唤起人们对英雄事迹的敬意和对民族精神的热爱，激励人们为国家和民族的繁荣而努力奋斗。《黄河大合唱》作为一首震撼人心的合唱声乐套曲，以澎湃的音乐、深情的歌词和壮丽的合唱，传递出英雄的精神。音乐的旋律宏大而庄严，充满力量与激情，每一句歌词都仿佛是勇士们奋进的声音和壮志的呐喊。在这壮丽的音符中，人们感受到了中国人民的团结和坚韧，感受到了中华民族的伟大和光荣。

《人民英雄纪念碑浮雕》与《黄河大合唱》之间的相似性不仅仅在于都是艺术作品，更在于它们都是对中华民族人民的崇高颂扬。无论是浮雕的雕塑形态，还是合唱的音乐旋律，都展现了中国人民无畏的精神和对祖国的深情厚意。两者都通过饱满的情感和激昂的气势，讴歌了英勇的革命先烈和伟大的中华儿女。它们都是独特的艺术形式，都是中华民族文化的瑰宝，都是中华民族的骄傲和自豪。雕塑和音乐之间有着共通的情感和精神内核，它们彼此交织在一起，共同传递着对英烈的敬仰和对祖国的热爱。

在艺术形式上，《人民英雄纪念碑浮雕》和合唱声乐套曲《黄河大合唱》都采用了具象的表现手法。《人民英雄纪念碑浮雕》以雕塑的形式呈现，以逼真的形象和细腻的雕刻技巧，将英雄烈士的事迹和精神传递给观者。每一处浮雕都有着自己独特的故事，每一张面庞都展现着不同的情感。这些英雄们的坚定眼神、挺拔身姿，让人们对他们的英勇事迹和伟大牺牲充满敬意和崇敬之情。《黄河大合唱》则以音乐的形式呈现，以黄河为背景，通过歌曲的旋律和歌词的表达，热情歌颂中华民族源远流长的光荣历史和中国人民坚强不屈的斗争精神，展现了抗日战争的壮丽图景，塑造了中华民族巨人般的英雄形象。这两个作品都通过具象的表现手法，使人们能够直观地感受到其中蕴含的力量和情感。

第三节　工艺美术与音乐

无论是工艺美术还是音乐，都需要艺术家从各种途径汲取灵感，并将其转化为艺术作品。工艺美术作品创作中，艺术家通过对材料的选择、构图的设计以及手工技艺的运用，将自己的创意和情感注入作品中。音乐创作同样需要艺术家通过和声、旋律和节奏的组合，将内心的想法和情感转化为音乐作品。无论是工艺美术还是音乐，都需要艺术家的灵感和创造力，都需要艺术家对材料和表现形式的驾驭，这种创作的共通性使得工艺美术与音乐在交融的过程中产生了相互吸纳和借鉴的现象。

人们发现通过对材料的选择、形态的设计以及色彩的运用，可以使工艺美术作品呈现出某种特定的音乐感。例如，在陶瓷艺术中，艺术家可以通过对瓷器的形状、纹饰和色彩的设计运用，使其展现出一种韵律感和节奏感，从而引发人们对音乐的联想和共鸣。同样，在珠宝艺术中，艺术家可以通过对宝石的选择、工艺加工和设计创新，使珠宝作品呈现出一种宛如音乐般的华丽和动感。这种将视觉和听觉相结合的创作方式，让工艺美术作品更加立体、生动，使观者在欣赏的同时产生更为丰富的感官体验。

从传统的中国工艺美术来看，音乐在其创作中起到了重要的推动作用。比如，战国早期的青铜乐器曾侯乙编钟，是我国现存数量最多、保存最完整的一套大型编钟。编钟的工艺精湛，做工精美，音乐雄浑而浪漫，能给人视觉和听觉上的双重享受，而这一敲击过程所产生的声音，可以说是工艺美术与音乐的完美结合。工匠们在制作青铜乐器时，不仅要注重造型的精美，还要关注敲击的节奏和音调。乐器作为音乐的载体，其外形和材质都是工艺美术的重要组成部分。世界各地的民族乐器，无不凝聚了工匠们的心血和智慧。比如中国的古筝，其外形线条流畅，纹饰精美，使得乐器本身就成为了一件艺术品。在制作乐器的过程中，工匠们需要精确地设计安排乐器的各个部分，以确保乐器的音质和表现力。这种精湛的工艺美术技艺，为乐器赋予了独特的魅力。再比如，一些音乐家在演奏时使用的特殊音乐器材，如水晶琴、马头琴等，这些乐器在造型和材质上借鉴了工艺美术的设计理念，使得音乐的表达更加丰富多彩。

从古至今，陶瓷作品的纹饰、玉石雕刻的纹样所产生的这种韵律感，无不彰显着艺术家对美的崇尚和追求。音乐则以旋律的起伏、节奏的跌宕、和声的丰富，将情感和思想表达得淋漓尽致。无论是工艺美术还是音乐，它们都是通过形式和内容相结合，以及通过艺术家自身的情感和思想来表达艺术作品的。工艺美术作品通过材料的运用和手工技艺的展示，传达出一种独特的美感和意境。音乐作品通过声音的组合和节奏的运用，传达出一种独特的音乐情感和意境。在这种意境的表达中，工艺美术与音乐都追求着一种内心的宁静和美好，都追求着一种艺术的完美和纯粹。

案例：金属工艺与重金属音乐

工艺美术和音乐都是源于创造力和灵感的结晶。无论是打造一件精美的陶瓷作品，还是创作一首动人的音乐作品，都需要艺术家的独特思维和创造力。工艺美术家通过巧妙的手法和技艺，将陶瓷、玻璃、金属等材料化作艺术品，而音乐家通过和声、旋律、节奏等元素的组合，创造出动听的乐曲。无论是工艺美术还是音乐，都需要艺术家通过敏锐的观察力和独特的表达方式，将内心的情感和思想准确地传达给观众或听众。

金属工艺，源远流长，承载着人类追求美感的智慧与创造力。金属制作的艺术品，不仅令人叹为观止，更体现着雄浑与精细并存的艺术特质。每一件金属工艺作品的制作，都需要经过反复琢磨和精心设计，每一道制作工序都需要匠人们耐心细致地完成。匠人们通过对高温冷却工件的锤击，使其造型逐渐清晰，线条逐渐优雅。金属工艺所呈现出的质感和光泽，是其他材质无法媲美的，其带有的历史厚重感和神秘感，使得金属工艺成为一种独特的艺术形式。重金属音乐也通过其独特的演奏和编曲，创造出了一首首极富表现力的音乐作品。重金属音乐以其激烈的吉他和鼓点，激发出人们内心深处的情感和激情，带给人们一种强烈的能量冲击。它以其高度的音乐张力与猛烈的音乐节奏，唤起了人们内心深处的冲动与激情，让人们在音乐的海洋中尽情释放自己的情感与能量。

金属工艺与重金属音乐都具有一种力量感。金属材料的质感与光泽赋予了金属工艺作品坚硬的力量感，它们通过形状、材质、色彩等元素展现出一种独特的气场。重金属音乐则在音乐的节奏、旋律和声音效果中传递出一种强大的力量感，其以高强度、高速、力量感的吉他演奏为特征，音乐上十分具有"重量"性，这是一种通过充满跳跃性的、跌宕起伏的美妙节奏所产生的共鸣来获取和谐的音乐。随着互联网和数字技术的发展，重金属音乐已经成为一种全球性的音乐文化。无论是金属工艺还是重金属音乐，它们都能够唤起人们内心深处的某种力量与激情。

第四节　建筑与音乐

建筑，作为一种物质形态的艺术，通过空间的创造与塑造，展示出人类对于生存环境的理解与追求。音乐，则是一种无形的艺术，通过声音的编排与节奏，表达出人类内心世界的情感和思绪。两者看似毫不相同，而在表现形式上，有着众多相似之处。建筑通过建筑材料的质感和色彩的运用，以及建筑的装饰手法等来表达特定的风格和主题。同样，音乐也通过乐器的演奏和音色的运用，以及音乐元素的组合和编曲方式等来表达特定的风格和情感。另外，建筑与音乐都具有独特的结构。建筑物通常由各种各样的构件组成，如柱子、梁、墙等，而音乐作品则由不同的音符和乐句组成，通过音乐的节奏与和谐来构建起一幅音乐的画面。无论是建筑物的平衡与稳定，还是音乐作品的和谐与流畅，它们都需要具备一定的结构性。

在历史上，建筑与音乐艺术也曾多次发生交融与碰撞的现象。比如在古希腊，建筑和音乐都是文化艺术的重要组成部分。古希腊建筑艺术独树一帜，以其简洁、优雅和对称之美而著称。与之相似的是，古希腊音乐也以其和谐、平衡和韵律之美而广为人知。古希腊建筑的独特之处在于其对几何学和数学原理的深入研究。帕特农神庙是古希腊最著名的建筑之一，它的每一个细节都展现了完美的比例和对称，而音乐与之相似，音乐的构成规律与建筑的几何原理相互印证。建筑和音乐的和谐之美，反映了古希腊人对宇宙秩序的理解和追求。

东方建筑与东方音乐在创作理念和审美趋向上更具有惊人的相似性。它们都以对空间与时间的处理、对自然与人文的融合以及对平衡与和谐的追求为核心，展现出东方文化的独特魅力。东方文化自古以来就以其独特的魅力和深邃的内涵吸引着世人的目光。在这个千变万化的世界中，东方建筑和东方音乐无疑是两个代表东方文化精髓的艺术形式。它们在对于空间与时间的处理上具有相似之处。在东方建筑中，建筑师通过借助自然光线、自然景观以及建筑自身的结构形式，营造出一种富有意境的空间体验。这种空间更多的并不是直线的、孤立的，而是以曲线和环绕的形式呈现，使人们在其中感受到纷繁世界的宁静和和谐。东方音乐擅长用人声和乐器的声音来象征或摹描具体事物，乐曲的结构象征着宇宙的往复变化，不同的乐音、调式、节奏和乐器都有着相对应的象征意义，通过对音符的持续与停顿、高低音的起伏和音乐的节奏变化，营造出一种富有张力和韵律感的音乐空间。这种空间更多的是以回旋和循环的方式呈现，是由音符连续而成的线性旋律，使得听众沉浸于音乐的美妙与情感的流转。另外，东方建筑与东方音乐都展现出对于平衡与和谐的追求。东方建筑强调对称和均衡的原则，通过对建筑元素的精心安排和比例的控制，创造出一种稳定和谐的空间体验。同样，东方音乐也追求声音的和谐与平衡，通过对音符的音量、音色和音调的精确控制，使得音乐作品在听觉上呈现出一种和谐与平衡的美感。这种对于平衡和谐的追求，使得东方建筑和东方音乐都具有一种独特的审美意义和情感共鸣。

案例一：北京的故宫博物院与主题音乐《故宫的记忆》

中国建筑作为中华文化瑰宝，凝结着民族智慧。在漫长的历史长河中，中国建筑和音乐相互交融，共同展现着中华民族的独特魅力。作为中国古代宫殿建筑的典范，故宫博物院（简称故宫）以其庄重肃穆的氛围和精湛的建筑艺术闻名于世。故宫的建筑群落融合了中国古代建筑的精华，将木结构、砖石结构、瓦顶和彩绘等多种建筑技艺巧妙地融为一体，形成了独具中国特色的建筑风格。正如主题音乐《故宫的记忆》中的音乐元素一样，故宫所展现的是中国建筑艺术的瑰丽华美。故宫的建筑结构精巧而宏伟，每一块砖、每一根梁都是匠心独运的杰作，仿佛是一个个音符，汇聚成一首华丽的乐章。进入故宫，宫殿与宫殿之间的巧妙连接，仿佛乐曲中的过渡音，将整个故宫的建筑构成紧密地联系在一起，而故宫内的每一座宫殿和每一处庭院都有着独特的韵律和旋律，犹如音乐作品中的每个乐章和旋律，各具特色，相互呼应。故宫的华丽与庄重相得益彰，正如主题音乐《故宫的记忆》的旋律与和声相辅相成。

主题音乐《故宫的记忆》吸收了中国传统音乐的精华，乐曲所追求的也是一种高雅和庄重的音乐美。乐曲以其独特的音调和旋律，传递着高尚和典雅的情感，这与古代建筑所传递的庄重和肃穆的气氛不谋而合。故宫注重空间的变换和层次的转换，通过不同的布局和景观，营造出一种宏大而有序的美感。这种空间变化的概念也体现在《故宫的记忆》中，主题音乐《故宫的记忆》将古老的音乐元素与现代的编曲技巧相结合，创造出一种全新的音乐语言，随着历史叙述的跌宕起伏，变换着节奏，低沉的打击乐仿佛敲响了大明永乐朝的大钟，舒展激昂的提琴协奏在琴弦的鸣响中诉说着一个历经沧桑的文明曾有的辉煌，使人仿佛置身于宫殿之中，感受到了那种庄严肃穆的氛围，也恰如其分地表达了故宫作为一个历经沧桑的古老建筑所承载的情感和记忆。主题音乐《故宫的记忆》以它那磅礴雄浑的旋律和悠扬动人的音符，让我们全身心地沉浸在历史的长河中。

案例二：巴黎的凡尔赛宫与海顿的《巴黎交响曲》

在西方的建筑与音乐之间，可以找到共通之处，这种共通之处不仅体现在结构上，更包含了创作的理念与情感表达。可以说，建筑和音乐是一对亲密的兄弟，它们共同诉说着人类对于美的追求和情感的表达。无论是在建筑领域还是音乐领域，都能够找到无数的例子证明这种相似性的存在。西方建筑与音乐作品都注重创作者对于空间的运用和塑造。建筑师在设计建筑时，会考虑到人们在其中活动的空间感受，通过空间的分割和布局来创造出不同的氛围和情绪。音乐作品也是如此，作曲家通过音乐的旋律和节奏，以及音乐元素之间的变化和呼应，来创造出一种虚拟的空间感。比如巴黎的凡尔赛宫与海顿的《巴黎交响曲》这两者虽然来自不同的艺术领域，却在情感的共鸣以及意象的交融中，创造了一种迷人而瑰丽的和谐。

凡尔赛宫作为法国历史上最为壮丽的宫殿之一，承载着无尽的历史情感，而《巴黎交响曲》则是海顿最为著名的两套交响曲作品中的一套，《巴黎交响曲》的演出在当时的巴黎好评如潮，有人评价这套作品"气质非凡、结构超群、令人惊叹"。在凡尔赛宫中，可以看到建筑的威严与庄重，以及宫廷生活的奢华与繁复。这些元素无疑将我们带入了一个独特的时空，让我们仿佛穿越到了过去的岁月。在《巴黎交响曲》中，海顿将自己的音乐天赋倾注在这部作品里，使之成为音乐史上不可忽视的经典之作。作曲家仔细调查了巴黎听众的鉴赏标准乃至欣赏品味方面的偏好，在创作中加入了法国传统音乐的元素，以便适应巴黎听众的口味。海顿巧妙地运用了管弦乐器的声音，作品睿智、典雅而温馨。两者在对于自然与艺术的追求上也有着相似之处。凡尔赛宫以其精致的花园景观闻名于世，宫殿周围的花园与喷泉，无一不体现着人类对于自然之美的向往。在《巴黎交响曲》中，海顿通过音乐的律动，将自然界的声音融入其中，使得整个乐曲充满了生机与活力。这种对于自然的追求与崇敬，使得凡尔赛宫与《巴黎交响曲》在意象上产生了共鸣，互相补充与映衬。这种共情共鸣的感觉，是凡尔赛宫和海顿音乐所赋予的独特魅力。

第五节　书法与音乐

书法与音乐，这两种艺术形式似乎迥然不同，一个以文字为载体，一个以声音为载体。然而，当我们深入探究它们的内涵和创作过程时，会发现它们之间存在着惊人的相似性，它们都是艺术家通过载体表达内心情感和思想的方式，触动着人们的心灵，引发心灵共鸣。书法和音乐作品都强调形式的美感和技术的精湛。无论是一幅书法作品还是一首音乐作品，都需要艺术家通过独特的技法和技巧来展现自己的才华和个性。书法家通过笔墨的运用，以及线条的变化和章法的谋篇布白，创造出富有韵律感和美感的作品。音乐家则通过音符的组合、音调的变化和节奏的掌控，创造出一首首动人心弦的音乐佳作。无论是书法还是音乐，都要求艺术家在形式上追求完美，展现精湛的技术和卓越的艺术修养。

书法与音乐有着惊人的契合与共通之处，而中国书法与中国音乐之间的奇妙共鸣更是展现了中国传统艺术的魅力。它们以不同的艺术形式，共同展现了中国文化的博大精深。这种共鸣不仅让人们更好地理解和欣赏中国传统艺术的价值，也为世界各国的文化交流与艺术创作提供了新的思路与启示。

中国书法与中国音乐都注重对"意境"的营造。中国书法以字意为主线，通过线条、字形、结构等手法，表达出作者内心的思想和感情。在书法作品中，常常可以感受到作者的情感流露和意境的独特诠释。同样，中国音乐也通过旋律、节奏等手法，表达出作曲家的情感和意境。无论是激昂雄浑的《黄河大合唱》，还是细腻婉转的笛子名曲《姑苏行》，每一首音乐作品都展现了创作者对于生活与情感的独特理解。正是因为注重对"意境"的营造，使得中国书法和中国音乐都能够触动人心、引发共鸣。

进一步来说，中国书法与中国音乐还注重对"节奏"的运用。中国书法的节奏感体现在笔画的粗细、长短、起伏等方面，通过对节奏的巧妙运用，使作品具有一种律动感和节奏感。中国音乐的节奏则体现在音符的持续时间、音符之间的间隔以及音符强弱的变化上，通过对节奏的处理，使作品具有一种鲜明的节奏感和韵律感。正是因为对"节奏"的运用，使得中国书法和中国音乐都具有了独特的节奏之美。不仅如此，中国书法与中国音乐还注重对"形式"的构成。中国书法的形式美体现在字体的造型、结构、章法以及墨色的运用上，使作品呈现出一种独特的审美效果。中国音乐的形式美则体现在乐曲的结构、音乐主题的发展以及乐器的运用上，通过对形式的处理，使作品具有一种独特的音乐韵律。正是因为对"形式"的理解，使得中国书法和中国音乐都具有了独特的形式之美。

中国书法和中国音乐在传承上有着相似的价值。书法作为中华文化的瑰宝，承载着历史的记忆和文化的传承，是中华民族智慧的结晶。音乐作品作为中华文化的瑰宝，承载着民族的情感和时代的脉搏，是中华民族精神的传承。两者都凝聚着中华民族的智慧和情感，传承着中华文化的精髓。

案例：王羲之的《兰亭序》与古典名曲《阳春白雪》

中国书法以其独特的艺术表现形式，通过以墨为媒，以毛笔为工具，借助线条的起伏、粗细、曲直，以及字形的错落有致、韵律和谐，展现出一种独特的美感。中国音乐作品则以其音调的高低、音符的长短和音乐元素的组合，通过声音的律动和起伏跌宕，展现出一种动听的韵律之美。尽管两者在媒介和表现形式上存在差异，然而从艺术内涵和审美追求上来看，中国书法与中国音乐作品之间却存在着许多相似之处。

中国书法和中国音乐作品都承载着中国传统文化的基因。中国书法作为中国文化的重要组成部分，与音乐作品一样，是中国古代文化的重要载体。《兰亭序》作为行书的代表之作，承载了古代文化的精髓，融合了古人的智慧和情感，作品以其精湛的笔墨技艺和深邃的文化内涵，成为后世学习和模仿的范本。《兰亭序》以其独特的笔法和章法，展现了王羲之高超的艺术造诣和对自然之美的深刻体悟。作品中的笔画充满了生命力和节奏感，就像音乐中的每一个音符一样。当我们欣赏《兰亭序》时，仿佛听到了一首华丽的音乐，每一个字都像音符一样跃然纸上，给人以美的享受和心灵的震撼。《阳春白雪》是中国著名十大古曲之一，相传为春秋时期的晋国师旷或齐国刘涓子所作，"阳春"取万物知春，和风淡荡之意，"白雪"取凛然清洁，雪竹琳琅之音。它以清新流畅的旋律、活泼轻快的节奏，生动表现了冬去春来，大地复苏，万物向荣，生机勃勃的初春景象。《阳春白雪》是一首多个变体组成的琵琶套曲，融汇了中华传统音乐元素，将人们带入一个美好的意境之中。正如书法作品中的每一个笔画都有其独特的节奏和韵律，音乐作品中的每一个音符也都有其特定的旋律和节奏感。

在表现形式上，《兰亭序》和《阳春白雪》均采用了叙事的方式。《兰亭序》通过文字的叙述，展现了王羲之和一众文人墨客聚集于兰亭，畅谈人生，抒发情怀的场景。这种叙事形式使得整幅作品具有浓厚的文化氛围。《阳春白雪》内容寓意于景，通过清新流畅的旋律、轻松明快的节奏，将场景和情感展现得淋漓尽致。该曲可分成起、承、转、合四个组成部分，是一首具有循环因素的变奏体乐曲，全曲从悠扬且充满活力的开头部分，到渐入佳境的高潮部分，充满了生命活力，再到最后突慢后渐快的速度处理，整首曲子展示了曼妙的旋律和独特的节奏。行书《兰亭序》仿佛流水萦绕，如云般飘逸，跳跃于纸上，展现了大自然之美。《阳春白雪》的旋律则宛如清风拂面，给人以明媚而纯净的感受，交织出了一幅绝美的艺术图景。这两部作品都以细腻动人的方式，将自然界的美景融入其中，使人们在欣赏之余，也能感受到大自然的伟大和无限魅力。《兰亭序》和《阳春白雪》以独特的方式，让人们感受到自然景观和人文情怀的美好，引发人们对自然和人的思考和感悟。这种共情，不仅丰富了中华传统文化的内涵，也让人们在欣赏艺术的同时，找到了内心的共鸣和满足。

第四章
美术教学中音乐元素的渗透与融合

第一节 美术教学中美术与音乐元素的融通性

任何学科都不是孤立的,随着社会的不断进步和认识的深化,融合的观念得到了教育界的一致认可。如果以教育心理学角度进行分析,综合课程会提升学生的迁移能力,能够强化最终的学习成效。认识美术与音乐学科的紧密联系,感受其表现方式与艺术形式,可以引导学生基于多种视角理解美术。学科之间的渗透与融合,已经成为当代艺术教育发展必须重视的课题。美术和音乐艺术在表现层面与媒介方面存在一定的差异,前者是空间上的,后者是时间上的,两者诉诸于不同感官,但在很多方面存在内在联系,譬如线条、色彩、旋律、节奏等。因此,在美术教育中有必要采用适当的教学策略,运用音乐艺术辅助美术教学,从整体上提高学生的创造性思维和审美能力。

一、音乐风格元素的融入

19世纪诞生的印象派美术与音乐为这两种艺术的发展开拓了全新的艺术道路,其共性是关注个体对外界的感知与印象,提升人们的审美体验,这也为艺术创作带来了个性化创新思路。印象派音乐和绘画有许多"通感"之处,美术课上通过音乐手段的聆听体验,可以挖掘欣赏通感,了解印象派绘画可以结合同一时期印象派音乐作品进行赏析,并根据绘画内容选择相应的音乐,通过对比欣赏了解印象派绘画的风格特征和内在元素,引导学生树立多元文化的价值观。可以说众多美术与音乐流派主旨相同或相近,音乐与美术的不同流派表现出不同的时代特征和精神风貌。比如西方巴洛克时期无论美术还是音乐,两者都较为华丽,强调装饰、壮观等倾向且充满动感;古典主义时期的美术与音乐,注重创作技巧的精确性,多使用简练、明确的艺术语言;浪漫主义时期的美术与音乐,作品富于幻想性,重视描绘自然以及自身的发展和自由。浪漫主义美术和音乐作品具有独特、强烈的自由奔放风格,这也和古典主义端庄、典雅的风格形成了鲜明对比。

二、音乐造型元素的融入

美术和音乐属于不同的艺术学科,在艺术表现方式上存在差异化,不过有着很多共性的创作理念。在教学实践中,教师应以审美为核心,将音乐中的旋律、音色、节奏等元素融入美术教学之中,将抽象的音乐特性转化为具体的美术造型。教学中以激发学生的创造性为目的,为学生搭建起艺术审美的桥梁,建立综合的审美情境。美术与音乐之间具备很多共性要素,选择相关连接点有利于学生在教学环节中引起求知欲并加深理解和巩固所学的知识。如19世纪俄国作曲家穆索尔斯基创作的《图画展览会》钢琴组曲便是以绘画作为素材创作的音乐作品,如果美术教师能够有效利用连接点,引入如此优秀的音乐作品将极大地提升学生的艺术素养。

(一)美术与音乐的线条都是形象的胚胎

线条是美术作品中重要的造型元素,而在音乐作品中,各个不同的音高连接起来就组成了旋律线条,旋律是按一定的音高、音量等构成的,如美术作品中的线条一般,形成各种直线或曲线勾画出作品的轮廓,这种近似画面中的线条伸展或起伏,称之为旋律线。贝多芬创作的《第五交响曲》中首个乐章一开始呈现出的便是音乐线条,音乐节奏的长短、快慢、停顿集中展现了作品的情绪、意境和风格,也揭示了人们的内心世界。鉴于音乐通常表现出抽象状态,因此会出现更广阔的联想。线条性被视为音乐中最重要的绘画性因素之一。音色与颜色确实都能给予人们清朗或暗淡等种种不同的感受,一旦某种音色与颜色能够给予人们相类似的感觉,这通常被称为"艺术通感"。音乐线条所指的就是旋律,音乐的"节奏韵律感"可以由视听感受变成欣赏者的视觉感受,以唤起欣赏者的形象记忆并获得鲜明生动的意象联觉。

(二)美术与音乐的色彩都是造型的手段

色彩是美术作品中重要的表现元素,而在音乐中的"色彩",不仅有音程、和弦所构成的和声色彩,还有不同乐器所表现的音响效果,都对听众的心理有着显著影响。绘画中存在的视觉画面渲染能够强化欣赏者的艺术想象力，音乐形象中存在的色彩对比突显出绘画性因素。绘画中存在的色彩经常成为音乐语言而出现在音乐理论文献中，同时音乐中的"色彩旋律"也经常成为绘画领域的专业用语。印象派绘画与印象派音乐非常相似，印象派画家创造了一套颜色符号，印象派音乐家使用音符创作有意味的音乐效果，他们用音乐来表现风景及情绪。欣赏莫奈的《日出·印象》《睡莲》和德彪西的《雨中花园》《水中倒影》，可以更好地理解印象派绘画和音乐的美学理念，德彪西的音乐是一种看得见的色彩变化，更加注重音乐的描绘性和色彩性，减弱了和声功能，二人的作品都崇尚个人体验，重视自然观察与感受，可以说，音乐与美术都通过生活素材为原型赋予了艺术强大的生命力。

（三）美术与音乐的空间都是形态的表现

音乐艺术是借助于特定的音响组合，以象征性的方式体现空间关系变化。音乐中存在的音程反映了局部空间关系，在音乐作品中的音区则显示出一种整体空间，通过主旋律和伴奏可以体现出前后空间关系。而且，强弱对比方式营造出远近的空间感，美术是空间与时间的叠加，而音乐是最抽象的时空表达，这也体现出美术与音乐间的空间关系对比。民乐作品《百鸟朝凤》就是借助于声音的方式暗示周围空间环境，表达一派生机勃勃的大自然景象。贝多芬的《田园交响曲》是对乡村生活的回忆，整部作品宁静安逸，蕴含着诗情画意，可以想象出宁静的田园空间图景，这些作品都是通过声音想象到相对应的环境。音乐的空间性还有一个十分重要的表现就是不同距离、不同强度的音乐对听觉形成的刺激强弱各不相同，这使人们在欣赏音乐时能够清楚地分辨出音乐层次，从而获得更加真实的感受。音乐带来的空间感是听觉引发的，是思维的共鸣。音乐与心理空间，立体思维与创造力之间存在关联，教师通过音乐教学优化美术课堂，让学生获得音乐空间和美术空间的想象力，并激发学生的创新思维。

第二节　美术教学融入音乐元素的必要性

美术与音乐艺术的表现形式不同，但两者的创作要素以及风格体现却有着相似性与共通性，艺术课程日渐注重文化与社会的联系，开放的、扩展的、融合的美术课程设计已经成为当前美术教育改革的一大趋势。

一、美术教学中融入音乐元素，可以呈现立体的视听感受

艺术教育是一种美育，是在具体教学活动中提升学生审美素养。把美术这种视觉审美元素和音乐艺术的审美意蕴紧密融合，可以产生立体的审美效果，能够让学生了解到艺术中存在的很多吻合点及共性要素，从而达到触类旁通的认知效果，进而让学生充分感受到艺术的魅力和精髓，通过视听结合、感官联动，能有效地提升学生的审美感受力和形象思维能力。

将音乐元素融入美术教学中，可以给学生带来一种全新的感官体验。音乐作为一种独立的艺术形式，其独特的韵律与旋律常常能够唤起人们内心深处的情感共鸣。当音乐与美术相融合时，美术作品不仅仅能够通过视觉形象来传达信息，更是能够通过音乐的旋律、节奏和情感表达来激发学生的情感共鸣。这种立体的视听感受不仅能够增强学生的审美体验，更能让学生深入地理解艺术作品背后所蕴含的情感和思想。比如，你在欣赏一幅描绘大自然风光的画作，蓝天白云、山川河流尽收眼底，此时，一曲悠扬的钢琴曲在你耳边响起，音符轻轻飞舞，旋律如同山间流水，仿佛是大自然在耳畔低语。配着音乐带你游走在这幅画中，仿佛听到了风吹过树叶的声音，仿佛感受到了阳光洒在脸庞的温暖。

二、美术教学中融入音乐元素，可以实现联想的同化效果

在美术教学中融入音乐元素，可以使学生的感受更为直观，能够产生多方面的联想，通过音乐感受美术作品所要表达的意境，是对学生审美能力的一种提升。声像结合，通过现代化教学手段，视觉艺术同步融入听觉艺术，为学生营造一个视听交融的学习情境，能够使学生的视觉与听觉达到高度的融合，进而激发学生的创造力与想象力。

在美术教学中，音乐元素的融入能够激发学生的联想能力。音乐的旋律、节奏和情绪，常常能够唤起人们对某种特定场景或情感的联想。当学生在绘画时，若能配合适当的音乐，就能够让他们更好地将自己的感受转化为艺术作品。比如，当学生欣赏一首轻快活泼的曲子时，他们的笔触也会变得轻盈而有活力，画面中的色彩也会更加鲜明饱满。而当学生听到一首悠扬缠绵的曲子时，他们的创作则会呈现出柔和与细腻的特点，画面中的线条也会更加流畅而富有韵律感。

三、美术教学中融入音乐元素，可以体现心理的抒情功能

不管是东方还是西方艺术观，音乐艺术能够有效承载情感元素。音乐是情感的催化剂，在美术课堂教学中恰当适时的引入音乐元素，可以激发学生学习热情并加深情感体验，从而达到理想的教学效果。譬如鉴赏列宾的油画《伏尔加河上的纤夫》时，播放俄罗斯歌曲《伏尔加船夫曲》，可以使学生在忧郁、低沉的旋律中体验到画中描绘的纤夫艰辛的生活状态。通过视听有效融合，学生对作品所表达的情感体验会更加深刻，学生多感官的调动，对作品人物形象的把握和理解也更准确、丰富。

在美术教学中，学生往往会因为自己作品的不完美而感到沮丧和泄气。但是当音乐的力量融入其中时，学生会得到前所未有的鼓舞和激励。音乐带来的情感和动力会激发学生不断尝试和探索，勇于面对自己的不足和挑战。在音乐的伴奏下，学生会充满自信地握住画笔，勇敢地尝试新的表现方式，从而不断进步并超越自我。从心理学的角度来看，美术融合音乐所具有的抒情功能，对学生的情感和心理健康有着积极的影响。音乐可以帮助学生释放压力，缓解紧张情绪，达到内心的平静和放松。比如，当学生在绘画时聆听着柔和的音乐，他们的内心会逐渐沉静下来，进入一种专注和宁静的状态。在这个状态下，他们的情感和思绪会自然地体现在作品中，从而更好地表达自己内心的感受。

教学需要创新，更需要思考，学科融合要精准把握学科间的内在关联，将它们进行有机的融合，不能只是将不同学科知识进行简单的合并叠加，更不是将知识随意拼凑杂糅，美术教学活动的开展需要音乐元素的有效融入，要把握引入的时机，而不是适得其反。另外，音乐元素的引入要有所选择，要适度适量且不能取代美术课的主体地位，更不能把美术课变成音乐课。仅是从形式上达到课堂活跃并不是真正的学科融合，学科融合应以学生发展为本，尊重学生发展需要，有效使用音乐元素才能够营造出和谐生态的课堂环境。

第五章 音乐融入绘画教学的创新型探索

第一节　创新型融合视角下绘画教学中音乐的选择与运用

美术和音乐同属艺术范畴，两者在艺术语言、表现形式上虽不相同，但却存在表现手段、美学元素上的互通和共融，可以相互借鉴、相互融合。艺术综合教育教学需要一定的资源和策略，绘画和音乐以其自身形式元素的融合深化着情感功能。绘画中的要素如色彩、线条、质感等，可以从绘画要求出发，通过音乐中的旋律、和声、节奏等辅助元素，融入绘画学习领域，并将学生的生活经验、人类的文化联系起来。恰当地运用绘画与音乐融合教学，通过协调学生多感官并开启学生多元认知的通道，能有效激发学生的学习兴趣，对促进学生深刻感受、理解和表现绘画，发展形象思维和抽象思维能力有着非常重要的作用。

一、中国画课堂引入中国古曲

中国古曲注重意境，而中国绘画的灵魂也是意境，中国古曲主要是以山水等自然景观为素材，大多数古曲属于器乐曲，其中多半出于诗人之手，旋律抑扬顿挫，具备含蓄、优雅、意境深远的特质，属于传统文化中的精华，震撼着人们的心灵。中国古曲和中国画的内在精神和在意境上的表现无不相通，可谓曲中有画，画中有诗，对鉴赏和研习中国画有很好的辅助作用。学生在研习山水画时，可以聆听如《高山流水》《平沙落雁》《阳春白雪》等名曲，花鸟画课堂可以播放诸如《梅花三弄》《寒鸦戏水》《杏花天影》等名曲，好的古曲往往能给予听者优美的画面感，使学生在古曲美的享受中获取审美体验，去感受远山疏林构成的节奏化空间，去感受春夏秋冬流动的节奏化时间，去感受音乐中花的香气和叶的翠绿与枯黄，让学生随着不同的音乐节奏感受大自然的魅力，灵感也能随着笔尖流淌于纸面。

二、中国民间绘画课堂引入中国戏曲音乐

戏曲音乐是戏曲艺术中的重要组成部分，京剧、昆曲、豫剧、越剧、黄梅戏、秦腔等戏曲音乐都植根于不同地方的土壤，代表着一个地区、一个民族的文化。以"京剧脸谱"一课为例，在学生制作京剧脸谱的过程中播放京剧《说唱脸谱》，能够使学生了解京剧艺术不同角色的特征，还可以激发学生的求异思维，活跃美术课堂的气氛。又如"画皮影"一课，在鉴赏皮影作品过程中可以播放有着独特文化背景的秦腔音乐作为背景音乐，通过秦腔的音乐伴奏激活学生的创作热情。秦腔皮影戏班流布很广。秦腔以陕西方言为基础融入了诗、词、曲，细腻深刻又朴实粗犷，且极富夸张。传统皮影以陕西为代表，吸取了民间织锦、剪纸的朴实和稚拙，人物形象夸张、性格突出，秦腔皮影戏可谓民间美术与戏曲的巧妙结合，两者都有着悠久的历史与厚重的文化，也深深烙上了鲜明的时代印记。从绘画造型能力培养方面来讲，戏曲音乐引入绘画课堂对于造型表现领域的意义，在于学生通过戏曲音乐深化体验形、色、空间等的理解与认识，突破理性思维的禁锢，使绘画教学更加多元化。

三、西方绘画课堂引入西方音乐

西方绘画中可以找到许多具有音乐特质的艺术表现和趋向音乐之美的形态。鉴赏由印象派画家莫奈创作的油画作品《睡莲》时，把印象派作曲家德彪西的《月光》钢琴曲用作背景音乐，并在作品介绍过程当中结合音乐营造出的意境与印象，展开分析与解读，让学生可以更容易、更高效地了解印象派艺术作品的风格与特点，在选取背景音乐时教师务必要了解绘画作品的主题与时代特征，从而达到相得益彰的音乐渲染效果。在鉴赏梵高画作《向日葵》时，让学生聆听贝多芬的《命运交响曲》，使学生亲临其境地感受画家心境下产生的色彩情感，感知音乐作品传递的心境。梵高与贝多芬的作品中充满了律动感及生命力，充分展现了强烈的个性、隐秘的痛苦和浓烈的感情，音乐的引入拓展了学生思维的空间。在鉴赏德拉克洛瓦创作的浪漫主义画作《自由引导人民》时，选择聆听法国作曲家浪漫乐派代表人物柏辽兹的音乐作品《拉科奇进行曲》，在充满幻想力的音乐氛围中，可以更快地让学生感受到《自由引

导人民》中寄托的革命感情和对英雄气概的向往，在充满激情的旋律中能够体验到人们对自由的渴望和革命队伍的奋勇前进，德拉克洛瓦通过强烈的色彩和光线对比、奔放的笔触展示了革命者高涨的热情。柏辽兹的音乐作品《拉科奇进行曲》前奏有着强大推进力量和较快的进行曲速度，表现出所向无敌的英雄气概和乐观主义精神，因此德拉克洛瓦和柏辽兹的作品中传达出一致的艺术精神、主题思想、情感理解和艺术特色。

四、抽象绘画课堂引入纯音乐

美术教材中出现的抽象绘画很多都与音乐有关，这些作品注重表现人的内心世界和感受，通过点、线、面、体、色彩、构图来传达各种情绪和情感，学生面对抽象绘画难以理解和欣赏。抽象绘画的情感表达主要是用线条、色彩来表现，而这恰巧与音乐的关系最为密切。可以说，抽象绘画是一种纯粹表达画家内心情感的视觉音乐，抽象绘画与纯音乐对情感和精神的指向更为纯粹，西方众多画家试图将音乐领域的形式和技巧应用到抽象绘画实践中。纯音乐没有歌词，却能以纯粹的曲调体现意境和表达情感，抽象绘画课堂引入纯音乐可以使学生形成良好的通感体验。在绘画课"线的表现力"一课上，可以采用"音感作画"，播放摇滚、爵士、蓝调等，让学生闭上眼睛去倾听、去感知，以线的粗细、轻重、曲直等来表达乐曲的旋律、音高、节奏，这样创作的作品甚至可以和康定斯基、蒙德里安等绘画大师的作品一较高下。在分析色彩情感过程当中，不同色调画面可以连接不同音色乐曲，其中黄色对应于明亮轻快的音色，红色对应的是高昂的音色，蓝色则对应柔和舒缓的音色。借助音色对比分析，能够引导学生有效结合绘画和音乐中的情感色彩元素，提升学生的审美能力与发散性思维能力。

第二节 应用现代化教育技术，创设视听融合情境

在全面培养学生综合素质理念指导下，艺术课程改革倡导艺术教育向综合的方向发展，鼓励跨学科学习。绘画和音乐有不同的表现形式，他们使用不同的艺术语言作用于

人类视觉器官和听觉器官，但是它们相互联系、相互影响，音乐是最能表达和激发情感的艺术，在绘画教学中引入音乐艺术，将提高学生的审美情趣并形成独特的审美视角和思维方式。

现代化教学方式让美术教学资源并非束缚在美术学科自身领域，而是可以通过现代化教育技术把音乐作品融合到视觉艺术的鉴赏与感知中，在给学生营造视听融合的教学情境时，不断调动学生多感官体验，激发学生的主体性和创新思维。绘画教学需要结合现代教育特点进行相关学科的有效融合，在课程内容、实践等环节上进行优化，创设与学习主题关联且声画并茂、视听并举的学习情境。以学生创新能力为视角，分析绘画与音乐的相互作用能够达到学生知识意义构建和创新，在知识的建构和转化中自我发展与完善。因而，绘画与音乐在知识的应用、拓宽和延伸过程中，需要现代化教学手段生动、形象地展现丰富多彩的视听世界，并对抽象事物进行直观模拟和复杂事物简化再现。譬如通过微视频技术、声音技术、符号化技术等多种现代化教学手段创设情境，培养学生的联想思维习惯和能力，最终达到激发学生学习潜能的目的。音乐对视觉记忆产生刺激作用，由此能够强化图像反应和想象力。可以说，一切创造性思维都离不开想象，音乐有助于发展创造性思维，绚丽多彩的画面能够借助于曼妙的音符进行展示，这是通过想象与联想活动让音乐产生了全新的形态。

融合教学理念与理想的课堂教学还是要依靠教师的实践来完成，音乐融入绘画教学的深化，需要教师采用科学的方式将音乐艺术渗透于绘画课堂，譬如利用音乐的节奏、音色等元素诱发情景想象然后进行绘画创作，借助于音乐欣赏深化对绘画元素的理解与认识。以科学的方式通过音乐与绘画教学的有效融合，必然会使学生产生强烈的艺术共鸣。融合学科的共性将极大地提高课堂教学的有效性，培养学生的综合能力，进而激发学生的创造潜能，使核心素养在学校教育中落地生根。

第六章
核心素养背景下学前教育专业美术融合音乐教学模式建构

第一节 学前教育专业美术与音乐教学融合的方法

学前教育专业美术与音乐融合教学使学生能够深入了解艺术家以及相关作品，通过理解作品的人文内涵，了解作品所反映的社会生活和情感世界，这正是人文积淀的具体体现和渗透。学生进行美术、音乐相关内容的融合学习，可以根据自身所拥有的知识以及生活感受为基础，借助美术与音乐融合所带给学生的人文情怀来创作出属于自己的作品，充分传达自身的审美感受和认识。教师引领学生了解和掌握美术相关知识和技能时，通过美术、音乐学科融合教学，让学生在这一过程中形成健康的审美情趣，并提升发现美、鉴赏美、创造美的能力，这便是艺术学科中人文底蕴的体现。由于艺术学科是能够包容个性的学科，在美术与音乐融合学习中，会发现美术与音乐两者从本质、内涵上来讲有诸多相似之处，美术与音乐可以在某些艺术元素上渗透和互通，并通过视觉和听觉等感官统一，来实现审美实践活动中对美的统一。在美术、音乐学科融合课堂上音乐不仅是一种美育方式，还能够有效调动学生的视听感觉并激活创新思维，把好的创意付诸实践，并转化为有形的作品，从而获得创意创新实践素养。可以说，音乐是一种激发情感、激活创新潜力的艺术。

一、感悟——不同流派的美术与音乐融合

美术教学与音乐学科融合并不仅在于学习美术本身，要鼓励学生利用相关艺术学科

去解决美术方面的问题。西方美术形成了多种风格流派，如巴洛克、古典主义、浪漫主义、印象主义及后现代主义等。同样，音乐在自身发展的过程中也形成了各种风格和形式，如巴洛克、古典主义、浪漫主义、印象主义和流行音乐等。在学前教育专业美术教学中将美术与音乐根据其背景、风格、年代、地域、流派、形式等进行结合，对于学生而言可以获得更多的艺术感悟，使其更容易理解艺术的真正价值。比如，印象主义画派诞生于19世纪的法国，在光学理论与实践的启发下，受到当时光学发展影响的印象主义画家尤其注重对外部光线的研究，并且在自己的作品中植入了光学表现技巧。他们认为优秀的绘画作品来自户外写生，要对外光下的物象进行描绘与表现，应该将事物在某个环境和时间条件下给人的视觉感受表现出来。法国画家莫奈是印象派中最具代表性的画家，他的巨幅《睡莲》组画被称为水波上的"第九交响乐"，捕捉转瞬即逝的光影，可以说是莫奈一生对光与色表现的总结。欣赏荷兰后印象派画家梵高的《向日葵》能体会到画家对生命的感悟，同时也能感受到画家内心感情的强烈。美术上有印象派，音乐上也有印象派。印象派绘画为印象派音乐创作所借鉴，音乐上印象主义一词借用自美术，印象派音乐创作题材大多选取自然景物和诗情画意，其最典型的代表人物是法国作曲家德彪西，在"印象主义绘画"一课的鉴赏过程中，介绍莫奈和他的《睡莲》组画，不妨进行印象主义绘画与音乐的融合教学，欣赏德彪西的《月光》和《雨中花园》，感受月光下和阴雨中的睡莲，去体会印象主义音乐的绘画之美，想象池中那波光莲影。通过印象派音乐家曲中对大自然的描绘，加深学生对印象主义画作的感受和认识，使之"以科学的见解和艺术想象的表现为基础，以及以多元思维构建的方法，对关心的问题做出积极的反应"。美术和音乐流派存在着不可忽视的共性，如中国古典美术与古典音乐、中国民间美术与民间音乐，其产生具有相似的背景，作品也具有某些共同的特征。中国古典山水画《溪山行旅图》是北宋画家范宽的代表作，在"中国古代山水画"一课中，播放古琴曲《高山流水》，让学生在悠扬的琴声中欣赏画作《溪山行旅图》，在古典音乐中感受巍巍高山、潺潺流水，有助于他们更深入地体会作品中巍峨、崇高的意境，并加深对作品的理解。在"中国民间美术"一课中欣赏农民画，可以播放民间音乐《沂蒙山小调》，通过听觉和视觉的共同冲击，让学生更深刻地感受劳动人民的朴实、憨厚，同时学生的情感也得到了升华。

二、引导——不同元素的美术与音乐融合

美术教学与音乐学科融合不仅仅提供知识，同时提供学习的方法和思维的方式，帮助学生增强学习兴趣，构筑知识体系，掌握学习方法。美术是视觉艺术，借助线条、色彩、构图、形状、明暗等元素和艺术语言为人们呈现出视觉美感并反映出作品的情感；音乐则是听觉艺术，它通过旋律、节奏、曲式、和声、速度、力度等元素向人们传达丰富的情感和主题思想。美术教学融合音乐学科可以通过美术元素与音乐元素的结合，将音乐元素引入美术教学当中，因为美术与音乐艺术元素在本质上都是互通的，可以将美术表现手法与音乐表达方式相结合，将听觉转化为视觉享受，引导学生深刻理解两门学科的相关问题，培养学生的综合思维能力。音乐中高低、快慢的节奏和音色的反差如果从美术教学的角度来看，对应的就是线条的疏密、虚实、粗细、深浅，也可能是色彩中色相、明度、纯度的变化。比如"线条的表现力"一课，教师可以将乐器的音色和线条特质联系起来，通过聆听不同乐器的声音或乐器的高低音来表达线条粗细、曲折，通过旋律让学生领悟绘画中的线条动感变化。美术鉴赏蒙德里安的《百老汇爵士乐》就可以把音乐学科的内容有机地融合为一体，以美术欣赏为切入点，同时又注意艺术鉴赏与艺术创造的有机融合。《百老汇爵士乐》被誉为可以"听"的画，它既是充满节奏感的爵士乐，又像灯光垂直与水平交叉闪烁，色块、彩线创造了节奏变化，频率震动充满了强烈的音乐感，学生在课堂上聆听纯粹的百老汇爵士乐曲，去感受和理解用绘画语言表达的一种视觉音乐。

三、解析——不同类别的美术与音乐融合

美术融合音乐超越了单一学科学习框架，把音乐学科知识、体验性知识与美术学科有机结合起来，更有效地促进学生身心和谐发展。美术与音乐融合教学设计中，可以考虑将不同类别的美术作品，如具象与抽象、东方与西方的绘画作品与相应类别的音乐进行融合，让学生体会到别样的视听觉感受。通过音乐与画面的相互补充，可以加深学生对作品背景的理解，甚至感受画作背后作者的情绪。欣赏不同类型的美术、音乐经典作品和形式，如比较和理解世界上一些经典的古典美术和音乐，将大大扩展艺术空间，提高学生的艺术感知。通过学生的自由创作活动，体验速度、力度、节奏、音高起伏等音乐基本要素，而后将音乐中的情感凝集在画

面上。这样，学生的想象力和创造力将得到进一步加强，他们的创作思路将更加广阔，创作热情将更加高涨。比如上明暗素描课，明暗变化犹如音乐中的音色效果，"调子"原本是音乐领域的专有名词，用来界定曲调高低属性，音乐中有着丰富的明暗层次和浓淡色彩。在给学生解释明暗五大调子的时候，为了使枯燥的理论知识易于理解，可以给学生绘制七个基本音级的七级台阶，学生注意到台阶越高音级也越高，教师用铅笔把最底端的台阶涂上黑色，然后越往上的台阶铅笔色就越浅，到最上端的台阶就变成了白色。明暗五大调子就是素描明暗对比的深浅强弱关系，按照音级的规律理解明暗五大调子，这时学生对枯燥的美术理论学习将变得兴趣盎然。

第二节　核心素养背景下学前教育专业美术融合音乐教学模式研究

美术与音乐学科的相互渗透融合，是现代学前教育专业课程改革的一个有力尝试，美术融合音乐教学有益于学生艺术综合素质的提高，对幼儿教育也具有深远的影响。学前教育专业美术融合音乐学科的教学方式，注重加强美术、音乐学科间的横向联系，结合教学实践，其核心素养背景下学前教育专业美术融合音乐教学模式，力求破除学科之间的壁垒，对美术课堂的教学模式加以创新，从而提高学前教育专业美术教学的有效性。

美术、音乐融合教学模式需要以现代融合教育思想和理论为指导，以实践教学为根本，为教育活动建立稳定的框架和程序。融合教学模式应把握教学活动的整体，也要突出其有序性和可操作性。

一、整体性原则下美术融合音乐教学的"情境—问题—体验"模式

美术教师在教学的时候，应该想方设法创设问题情境，让学生调动已有的知识与技能或者学习新的知识与技能，参与到解决问题的过程中来，并在这一过程中通过观察、思考、想象、研究、操作、合作等方式，逐渐地形成核心素养。美术融合音乐教学的"情境—问题—体验"模式比传统的直接进入

美术学科内容讲授，更能使学生有自主学习的欲望及动力，该模式可以应用于教学的每个环节中，可以让教师更便利、高效地开展教学工作，还可以为学生营造出一个良好的学习氛围。体验的方式是为了让学生不会受到思维上的限制，让其全身心体会学习中的快乐，通过视听结合的方式提高学生的认知能力和审美能力。比如在"抽象艺术与绘画"课堂上创造一个参与视听体验的氛围，通过音乐烘托气氛并设置情境，可以选择音乐学科中有益的教学形式、手段、内容，充分利用音乐这门艺术的感性认知，尝试通过音乐来阐述抽象绘画，让学生在特定的音乐情境中学习和掌握绘画创作过程并在这个过程中体验绘画的乐趣。问题讨论是学科融合教学形式的重要体现，教师要鼓励学生表达自己的想法，通过美术与音乐元素的融合，更好地在广泛的文化情境中去认识、理解、解决绘画中的问题，让学生不断地拓展自己的思维方式。

学前教育专业艺术教育对学生的艺术活动提出了新的要求，艺术活动应该摆脱纯粹孤立的学科活动，要转变课程结构过分强调学科本位和缺少融合的现状，将艺术学科中的多种艺术形式有机地融为一体，从孤立的单一学科教学到相关学科的结合，使多种感官发生综合效应，建立整体艺术教育观念，扩大美术活动的包容性。学前教育专业学生在美术课堂中不仅学习基本的美术技能，还应该尝试结合其他艺术门类教学新方法，通过引入美术活动关联的音乐元素让学生更深刻地得到对美的体验和感受。从学前教育专业的发展来看，美术、音乐一直有着不可分割的关系，两者在学前教育专业实际教学活动中是相互补充、渗透、影响的。

二、综合性原则下美术融合音乐教学的"发现—引导—创新"模式

在美术教学中教师不但要关心学生最终呈现出来的作品，更要关注学生的学习、创作过程。学前教育专业学生美术教育的目的主要是审美能力、创造能力的开发，是教育取向的美术教育。因此，学前教育专业中的美术教育应注重培养学生审美意识，激发创新精神。采用"发现—引导—创新"的美术与音乐融合教学模式便是通过音乐路径获得的美学经验去发现和感受美，充分发挥学生自主、协作、探究的主体性，而教师在其中要起到引导的作用，教师给学生提供的启发应该是基于学生思考的基础上进行。发现是基础，引导是关键，美术融合音乐教学主要是围绕着相同的人文主题或相同的艺术要素

开展的，并致力于学前教育专业的学生形成一种综合艺术能力。

现代社会的发展使得艺术文化更加多元化，艺术活动表现出了对多元知识的整合。美术融合音乐教学从了解美术与音乐的内涵、内在联系开始，有效地将音乐融入美术课堂教学当中，运用节奏、力度、调式、旋律、织体、音色等形式原理进行对应的线条、形状、色彩、空间、明暗、肌理等造型活动，调动起学生多种感官的参与，增进其想象力和创新意识，通过音乐的介入让学生获取心灵的自由。

三、开放性原则下美术融合音乐教学的"开放性—社会化"模式

学前教育专业的学生在艺术表现、艺术创造等方面表现出不足的态势，为了提升学生在这方面的能力，可以把学生带入特定的创作环境，通过课堂教学与课外活动的结合，以弥补学生生活经验之不足和想象力的贫乏。学生在掌握专业学习内容的基础上，可以充分利用课外时间来开展相关艺术活动，从而实现课堂教学延续和发展。比如可以鼓励学生组织音乐剧表演，音乐剧综合了声乐、美术、舞蹈等多元化艺术，巧妙地将多个艺术门类有机融合，强调各艺术门类相互协调合一，将音乐剧渗透到美术教学活动中，音乐剧以其优美悦耳的音乐吸引着学生，布景、灯光、服装、道具等舞台美术更是带来了视觉和听觉的双重享受，学生通过舞美设计由原来单一学科的局限转向艺术学科的融合，完成知识、技能在相关学科之间的迁移和融通。学生在观看或扮演的过程中无形地提升了审美能力，这不断能丰富学生的课余生活，还能有效地与社会、生活、文化相关联，从而提升其在艺术表现与创造上的能力。这就是一个"开放性—社会化"的大综合形式，将相关艺术要素融入一个大综合教学中，不但是多个艺术门类的综合，同时也是艺术表现要素、情感、风格的综合。这种综合不但能够为学生提供更加多元的文化视角，还能在多个不同角度提升学生对于艺术、生活的感受与理解，从而增强学生的探索性、实践性、创造性学习能力。

总之，对于学前教育专业，美术学科是其重要组成部分。学前教育专业美术教育教学应结合核心素养观，塑造学生健全人格，启发学生创新意识。美术和音乐学科既有其独立性，又存在着统一性和相容性，学前教育专业美术融合音乐教学也应该以美术学科为基点，以文化为主线，增强学科综合与渗透，把唤起学生学习美术的兴趣贯穿始终，利用美术和音乐的相融空间提升学生的艺术

鉴赏力与艺术素养，拓展学生的文化视野。当然，美术与音乐学科的有效融合也要求教师具备较强的综合能力，这对新时期的教育工作者提出了新的要求，学科教师不但需要深厚的知识底蕴，更需要灵活多变的教育方式和方法。

第七章
学前教育专业美术融合音乐学科教学法探究

第一节 学前教育专业美术融合音乐学科信息传播的状态

学科融合是选择两种或者多种学科知识和方法探究一个课题，其意是进行学科领域知识融合，重视不同学科或者领域间的横向关联，期待学生将学习的各类学科或领域知识进行融汇贯通，获知相互间的关联，建立起融合一致的关系，同时选择多元化手段有效解决问题，这符合新时代创新型人才的发展需求。美术与音乐学科间的渗透、融合是开放和活跃的，可以让学生的思维充分激活。学生的求知欲以及对未知事物的好奇心，将使他们成为课堂的主角。教师应不断提升自身的综合素质，强化驾驭课堂教学活动能力，这已经成为当前教学工作的核心要务。

美术融合音乐学科需要融知入境，便于学生更好地理解、消化、吸收，达到高效学习的目的。学科融合以学生个体多元智能发展为目标，在实际环境中尽可能营造适合学生学习的教学情境，要系统地将多种学习策略和教学方法融入教学过程，让学生在轻松愉快的环境中学习。美术教师在教学中需要非本专业理论知识和技能时，需要和相关学科教师进行交流，共同探讨教学中的问题并达成共识。这一点在美术融合音乐学科学习中表现得尤为明显，美术与音乐的融合是艺术学科知识的综合运用，教学中需要教师的合作才能解决学科问题，这个过程实际上就是教师团队发挥优势互补的过程。美术与音乐学科融合的有效课堂应具备这样的特征：学生是否学到了特定的知识或技能；学生是否进行了学科融合学习活动并完成了任务；

学生是否进行了深刻的反思,产生了新的见解;学生在进行学科融合学习活动中,是否产生了快乐体验度。师生之间的和谐协作关系,有利于教学的顺利进行。

第二节 学前教育专业美术融合音乐学科教学法

职业院校学前教育专业美术融合音乐学科教学法其作用主要表现在实现教学目标,教学方法能够充分调动学生的学习热情与学习积极性;指导和发展学生的经验,培养和发展学生的能力;确定教学组织架构,营造良好且愉快的学习氛围;能够对选材与内容进行合理安排,以实现教学优化。

一、以直接感知为主的教学方法

音美情境教学能够激发学生的思维,增强学生的联想,从而有效地提高学习效果。运用音乐进行情绪渲染,可以更好地触发学生的真实情感并产生精神上的共鸣。根据美术教学内容选择相关音乐创设情境,能够让学生在特有的学习情境中深化美术作品的感知,加深其理解,从而实现教学任务。例如教授中国画,选择用中国乐器演奏的古典乐曲,在古声古韵中理解中华民族传统的美学观念,在意境悠远的民乐旋律中体验画面中清幽淡雅的意蕴。教授西方美术同样选择与之相符的音乐,譬如解析抽象派画作过程中,选取具备爵士风格的音乐用于背景音乐,在整体旋律与节奏配合中对构图、色彩以及线条等展开讲解,能够让学生不断深化对作品的领悟,其旋律使学生产生热情、激情的震撼。现代化教学手段的广泛应用不断拓展美术教学方式,为创设音乐情境带来了更为便利的条件,教师可以根据美术教材和教学内容确定恰当的音乐、选取合适的资料营造学习情境。譬如,在教授"建筑艺术"过程中,可以先使用课件播放介绍故宫,接着给学生提供核心建筑的图片,同时播放展现皇权威严、气势的背景音乐,结合历史知识阐释中华民族古代建筑的主要特征与社会功用。学生通过各自的视角感受审美意蕴具备的多元特征,而且在学习的同时也促进了美术与相关学科的联系,综合调动了多方面能力,提高了他们的审美能力。音乐欣赏是感知式教学最有效的手段。听法国著名作曲家夏尔·卡米尔·圣-桑的《动物园大幻想曲》,他用不同的音乐很好地表现出了各种动物的行为特点，学生在画动物画时就能感受到动物的形象与音乐的表现是如此浑然一体；中国吹打乐合奏曲《百鸟朝凤》，描摹了百鸟和鸣之声，极富民族韵味，乐曲以热情欢快的旋律唤起学生对大自然的热爱，学生画花鸟画可以汲取音乐文化养分，并引导学生想象鸟类的形象；听了取意唐诗名篇的《春江花月夜》，能感受到我国古典音乐的含蓄、典雅之美，此曲赞颂了水乡的风姿异态，就像一幅清丽淡雅的山水长卷而引人入胜，学生画山水画时播放《春江花月夜》，可以借助听觉描写传递视觉意象，这样使他们更加沉湎在这迷人的诗画意境中，时间所形成的感性视觉画面深化了山水画表现；聆听二胡名曲《二泉映月》，学生能感受到音乐的意境是这样的幽婉和深邃，《二泉映月》表达了音乐家内心的豁达以及对生命的深刻体验，通过音乐给学生以独特的生命体验而进行绘画创作是一种直接体验式的教学方法，能够使学生更好地融合到相关感知活动中，体验到音乐旋律蕴藏的情绪并拓展想象空间。

二、以引导探究为主的教学方法

各类艺术课程均存在严密且独立的课程体系，艺术类课程之间其内容或多或少都存在着关联性和交叉现象，这就为美术课程带来了大量的教学资源。积极培养学生的艺术探究习惯，可以使学生通过自身的实践感知和多元化材料的接触，引导他们在美术学习时发掘更丰富的知识，在探究中获取更多的创造性思考能力，不断实现知识积累和有机整合，在高效学习美术知识和技能的过程中同时也强化了综合学习能力。教师可根据授课内容选择师生间或学生间的互动方式，将音乐学科与美术学科有效融合的引导式探究教学方式需要以学生为主体，以学生发展为中心，为学生提供发展个性及创造能力的空间。美术是一门独特的学科，必须要让学生参与到实践活动中，借助于表现、制作、设计、创造等活动过程，才能够充分调动学生的求知欲与积极性。因而美术课经常是活动实践课，让学生在活动中得到思考与启发。借助于音乐的跨学科学习，可以领悟共同的主题与原理，让学生充分发挥出自主性，使他们的创意与设计具备个性化特点、探索性精神及创造性理念，让学生产生视听的综合性感知，使学生的内在思想与感情得以表现。在教学单元中应融合美术学科知识和音乐学科知识，参考美术课程标准创建有效的三维目标，科学、合理地选择和取舍教学内容，对于课程标准不作要求的知识点尽量少讲或不讲，让学生自行掌握。对于课程标准要求的重难点，在教学活动中需要增加背景材料从而促进学生学习。学科知识应专题化和多元化，所授教学内容的融合必须符合教学目标、教学规律，这样有助于学生更好地探究、理解和学习。除此之外，务必要结合教学需求与学情需要，从较为简单的内容整合提升到相应层面的深度融合，不仅要体现教学创新而且要促进创新思维的培养。美术融合音乐学科的角色体验可以为学生营造出愉悦的学习氛围，可以让学生个体成为角色主体，充分在教学场景中展开个性体验。例如在教授"面具设计"时，可以选择给学生播放京剧传统经典剧目如《包龙图打坐在开封府》《借东风》等一些耳熟能详的有名段子，甚至可以请有特长的学生当众唱一段。由戏曲音乐再结合京剧角色的脸谱、服装、道具等进行感悟，学生把脸谱中丰富的点、线、色块自然转换成面具，通过艺术门类之间的碰撞和融合，让一种艺术为另一种艺术提供灵感和刺激，从而调动起学生的学习热情，创造出一连串相互关联的、层出不穷的意象和活动，凸显美术学习的多面性与立体感。在教授"色彩与心理"时，由于音乐给予了形象、色彩的联觉想象，我们的视觉在某种程度上与听觉是相一致的，可以进行"听"音乐—"画"音乐的练习，比如听德彪西的《大海》让学生体会画者的心境和感受能影响画面的色调，教师可以启发学生对于音乐中色彩的感悟，引导学生用色彩画出自己的感受和体会，音色变化是不同发声体的色彩呈现，美术融合音乐课堂让色彩不仅限于美术。联觉是跨感官感觉，声音、音符会引起某些生动鲜明的色彩形象，视听发生融合，就出现了联觉现象。

美术融合音乐学科引导探究教学法需要体现在学科知识层面，其理念是学生通过对主题的探讨，获得与主题相关学科知识与能力，借助于自主分析、合作学习与综合探究等学习方式，在此过程中能够进行事物认知并展开体验与反思，从而形成良好的意识、情感和价值观。目前，美术融合音乐学科教学没有现成的教材，在实际教学过程中需要教师自主跨学科探究，考量学生的具体学习情况，以此进行融合教学活动的开发，结合具体内容进行活动目标、活动方式的预设，确定基本活动流程以及有效评价体系。通过教师在各自视角下的有效协作而达成的一种视角交融，能使美术教师的认知结构不断改组与重建，从而产生或创造新知识、新理念。

第三节　学前教育专业美术融合音乐学科教学法有效运用的意义

"教学有法而无定法",教学本身就是一个由师生进行通力协作得以达成教学目标、提升教学质量、完成教学任务的整体行为。教学方法的设定与选择,一定要建立在吃透教学大纲与教材以及充分了解学生基础上,明确教学目的和任务,充分预估教学中的各种难点、重点,才能找到适合于融合教学的最佳教学方法和方案。

一、提高美术课堂教学的有效性

通常情况下,在实施美术课堂教学时,大部分教师的教学方法过于单一,多采用平铺直叙的教学策略,很难充分调动学生的学习兴趣与积极性,学生就难以理解其深刻内涵,难以完成美术对心灵的陶冶作用。根据客观实际,合理运用美术融合音乐学科教学法能够有效解决传统教学所带来的弊端,以教学重点、难点为主线,让知识在特定的情境中,通过美术、音乐学科的结合,让音乐成为美术的向导,最后在实践活动中实现知识的传递、转化、吸收。这样的教学能够充分调动学生的创造力,让学生充分展开联想,进而提升其思维能力,拓展学生的视野。实施美术融合音乐学科教学,能够构建多姿多彩的教学环境,有效促进学生知识架构的多元化,拓展其认知结构的广度与宽度。

美术与音乐之间早已存在着一种奇妙的关联,两者的融合不仅可以丰富学生的艺术体验,更可以在教学中提高美术课的效率。通过融合这两个学科,可以让学生在接触到更丰富的艺术形式的同时,激发他们的创造力和想象力。美术和音乐作品都是通过对于材料、形式和风格的选择,以及对于情感表达的准确把握来展现艺术家的审美追求。学生通过欣赏和分析这些作品,可以培养自己的审美能力,提高对于艺术的鉴赏水平,更好地理解艺术的本质和创造的过程,同时也可以促进其他学科的学习。相信在未来的教育中,这种教学方法将会得到更广泛的应用,为学生带来更丰富的艺术体验和成长的机会。

二、拓展美术课堂教学的功能性

对于美术课堂来说,不但需要传授知识、

技巧，更需要发挥其感悟生活、品味文化、了解社会以及重塑心灵的作用。丰富的课堂内涵不仅能让学生在情境中实现美术学习的目的，也丰富了美术课堂的知识构成。充分利用人体各种感官，形成立体化的渗透与调动，能够有效提升学生的美术素养，让其从情境中感知与理解，从而激发对美术学习的欲望。对于教师而言，需要不断引导学生，教会学生综合应用多种感官，学会多视角、多层次掌握知识。被称为"教育学之父"的捷克教育家夸美纽斯曾说："一切知识都从感官的知觉开始的。"在可能的范围内，所有事物应尽量地放在感官的跟前，假如有一件事物能够同时被多个感官捕捉，它便应当用多个感官去接触。通过创设良好的美术融合音乐教学情境和模拟相关场景，能够充分激发学生的想象力，调动学生学习美术的兴趣。在进行创作时，会使学生的思维更快进入活跃状态，能丰富其美术语言并提升创造力。

　　美术融合音乐学科旨在通过学科资源的介入，借助两个学科资源融合优势，有效克服学科教学难题，提升教学质量，实现教学目标，并且进一步促进学生的全面发展，提升其学习能力与整体素质。进行学科融合涉及不同学科元素的参与和认知，但相关学科知识的融入需要系统性、科学性，能够主次分明且有主导学科的个性和特质，从而合理实现美术与音乐的融合。换而言之，美术融合音乐学科，美术是主体也是认知的对象和目标，音乐是辅助也是方法和手段，能够在美术教学中给予更好的资源与智力支持。随着时代的不断进步和社会的不断发展，对人才的培养提出了更新、更高的要求，"博中求专"就是当今社会培育人才的重要方向，实施学科融合教学无疑就是适应了这种人才培养的需求。对教师而言，融合教学提升了教师的课堂教学设计能力、教学方法应用能力、教学组织管理能力、教学策略运用能力。另外，借助美术、音乐学科教师的协作，还能提升教师跨领域学习的能力，拓宽教师的知识构架，提高教师的综合素质，使教师从相关学科理论与方法中得到借鉴并获得营养，这将对丰富美术课堂教学，提高美术教学质量大有裨益。

第八章
核心素养引领下职业院校学前教育专业美术与音乐教学的融合策略

第一节 学前教育专业美术与音乐融合教学的原则

核心素养是对素质教育内涵的丰富，也为创新教育提供了突破口，核心素养是个人终身发展所必备且关键的知识、品格和能力。学前教育专业学生核心素养的培养是关系幼儿教育事业发展的关键问题，其核心素养是多维度、多元化的构成，幼教师资队伍的整体素质也将直接关系到儿童的健康成长。学前教育是终身学习的开端，"核心素养"在学前教育领域日益升温，将不断激发学前教育发展活力。

美术属于视觉艺术，是人对外界事物及主观世界的情感体验，是一种视觉传达；音乐是一种听觉艺术，它是最能唤起人们心灵的艺术形式，通过声音媒介传递人们的情感。美术、音乐都是通过身体的感官，来表达对客观世界的内心感受。学前教育专业培养的学生将来面临的教育对象是启蒙阶段的儿童，作为未来的幼儿园教师，其艺术素养的培育就显得尤为重要。《幼儿园教育指导纲要》提出了幼儿教育的"全面性""发展性""活动性""综合性"和"渗透性"，在活动呈现方式上提供以某一领域为主的综合性主题学习活动，以便对幼儿进行多种教育元素的融入与挖掘。学前教育专业美术与音乐融合教学符合当下幼儿美术活动应突出综合性和全面性这一要求。通过品味优秀美术作品，在视觉上启迪心灵的同时，线条、色彩也能感受到音乐中的旋律、节奏，可获得心灵的陶冶和美的享受；同样，聆听优美的乐曲，除了充满节奏与韵律美，还会勾勒出一幅美丽的画卷。美术与音乐的融合，不仅能够培养学生的创造力和想象力，还能够促进学生情感表达和审美能力的发展。因此，学前教育专业美术与音乐融合教学的原则显得尤为重要。

一、科学性原则

美术与音乐课程都是职业院校学前教育专业的基础技能课程，且这两个学科都具有知识的系统性、抽象性、严密性及科学性，两者都形成了系统且复杂的课程体系。所以美术与音乐融合教学更应该坚持科学性原则，不但要重视美术、音乐学科相互关联的逻辑结构，还要认识学科知识中横向间的联系，要在学科思想、知识、方法、规律、技能等方面相互融合和渗透，从而使学科融合教学在广度和深度上推进，培养学生的知识应用能力和创造性思维能力。

科学性原则是确保融合教学有效性和可持续发展的重要保障。只有在遵循学科内在逻辑和内在联系、个体差异尊重和发展等原则的基础上，才能更好地实现美术与音乐融合教学的目标，提高学生的学习效果，为他们的未来发展奠定坚实的基础。

二、综合性原则

综合性不仅是课程内容上的综合，同时也是学习活动上的综合。课程内容的综合就是将美术、音乐相关学科知识和教学资源在学科教学中进行融合，学科综合是一个有机且关联的整体，必须要注意内容的相关性、系统性和连贯性。学习活动上的综合性原则是指开展融合教学时，运用的多种相关学习活动形式、方法，且以活动为主线体现学科融合教学中知识、能力等方面要求。

美术与音乐融合教学应以培养学生的综合素质为目标。综合素质是一个人在认识、态度、技能、情感等方面的全面发展，也是一个人在面对复杂多变的环境时所具备的综合能力。美术与音乐融合教学可以通过艺术的表达和创作，培养学生的感知能力、思维能力、表达能力、协作能力等综合素质。通过综合素质的培养，学生可以更好地适应未来社会的发展需求。

三、创造性原则

学科融合教学的创造性尤其体现在不同于传统课程教学，不以掌握学科知识作为最终目标，学科融合教学鼓励学生展开多视角、多维度思考问题，更全面地理解和认识事物，并善于进行整体性认知和把握，不断提高多方面的创造力。美术、音乐学科融合教学不光关注学生的学业成绩，更要陶冶情操、启迪智慧，了解学生发展中的需要和多方面发展的潜能，以促进学生全面、持续、和谐地发展。

学前教育专业的美术与音乐融合教学，是一门独特而饱含创造性的艺术教育，它将对学生进行全方位的培养，激发他们的创造力和想象力。创造性原则要求教师在教学中注重培养学生的创造思维能力，在教学中需要通过创造性的教学方法来引导学生思考和创造，可以设计一些富有创意和挑战性的任务，培养他们在艺术创作中勇于表达和尝试的勇气，通过各种创造性的教学方法和活动来激发学生的艺术潜能，只有这样，才能培养出更多具有创造力和想象力的艺术人才。

四、开放性原则

职业院校学前教育专业美术与音乐的融合具有良好的开放性，这种开放性就是开放的环境、开放的资源与态度，让学生放飞思维，培养学生创新精神。在开放性原则下，打通美术与音乐学科之间的横向联系，能够活化课堂教学，使美术学习充满生机和活力。

开放性原则的核心在于给予学生自主选择的权利。在美术与音乐融合教学中，教师应该提供多样化的选择，使学生能够按照自己的兴趣和特长选择适合自己的学习内容和方式，同时还应该为学生提供一个充满创造力和想象力的学习空间，让他们通过合作和分享来促进彼此的学习。另外，通过关注个体差异，能够更好地满足每个学生的学习需求，促进他们的个性发展和全面成长。

第二节 学前教育专业美术与音乐教学的融合策略

美术和音乐存在着统一性和融合性，结合教学实践，将音乐学科内容融合在学前教育专业美术教学中，可以更好地活跃学前教育专业美术课堂教学，让学生在学习过程中体验学习的乐趣，以促进学生多元智能的发展。

一、构建生态型融合课堂——重视学生个性差异与共性认知

学生在认知、心理、能力、态度、思维方法等方面存在着差异，教师应尊重学生的个性差异，鼓励个性化发展，没有个性就没有创新精神，教学要以学生为本，教师应积极面向全体学生，关注学生的个性化差异。教师应选择不同的教学方式、围绕不同的教学内容、提供不同的教学资源，让那些有着较强实践能力的学生能够多动手操作，那些擅长想象思维的学生可以充分发挥自己的想象力，而让那些具有突出艺术素养的学生来对作品进行评价。这样学生的个性得到发展，不同的学生都得到发挥其能力的机会，也激发了学生美术学习的兴趣，让学生的核心素养能够在个性发展中获得培养。美术与音乐教学的融合可以超越学生"差异"的局限，通过音乐的介入，使学生的情感世界受到感染，能有效激发学生的鉴赏力、表达力、创造力，协调好任课教师和学生之间的关系以及学生与学生之间的互动交往，把差异转化为教学资源，旨在提升学生的综合素质，为实现美术与音乐学科间的相互促进和渗透发挥重要作用。另外，教师要精心选择合作学习的内容，使得班级中的一些落后小群体能够缩小与同学的差距，把自信带到课堂。从现实生活入手，重视个性差异与共性认知的重要性，把美术与音乐学科巧妙地融合在一起，创设饶有趣味的教学情景，才能充分调动学生的学习兴趣。比如在鉴赏法国著名画家达雅克·路易·大卫的《拿破仑一世加冕大典》时，不仅要从构图、光色、明暗、透视、空间等方面进行分析，而且对历史及创作背景也要分析评判，这样让艺术素养高的学生可以发挥他的评价能力，擅长想象思维的学生可以充分发挥想象力，再通过播放小约翰·斯特劳斯创作的《拿破仑进行曲》，使学生能够更深刻地感受拿破仑的形象，以及这幅作品人物众多、场面宏大的氛围。通过音乐在听觉感官上刺激学生，让学生对作品的理解更深入，视听相结合更容易营造出学生接受相关信息的氛围，同时也更利于帮助学生在听觉、视觉上获得发展，激发学生的认知力、内驱力、想象力和创造力。

二、营造生动型融合课堂——注重教学方法的趣味性与主体性

人人都有创造的欲望，美术课堂为学生提供了一个发挥自身才华的平台。在严肃、刻板、沉闷的课堂氛围中，学生的情绪往往比较压抑，创造性思维的发展就会受到限制，因而，美术教学过程中应该坚持寓教于乐，采用美术、音乐融合式教学法，为学生营造快乐、和谐的课堂氛围，让学生的创作欲望及相应的想象力得到激发，并且在无形中培养学生团结协作精神，形成团队意识、竞争意识。比如，当教师向学生描述人物动态的画法时，一开始学生很难掌握人体比例、形体结构、运动规律和捕捉动态的表现，这时

如果充分利用学前教育专业学生能唱能跳的自身优势，音乐作品中蕴藏的意味通过舞蹈加以传达，让学生在轻松愉悦的舞曲中，通过对人物动态、角度、结构与比例进行观察，然后师生一起讨论人物各种动态变化的特点，学生就能比较准确地理解和表达人物形体动态，直观而形象地观察人物动态就容易解决人物动态表现的难点。舞蹈的形体语言通过音乐情感的辅助表达得以呈现，音乐与舞蹈中形体语言之间的配合有利于进行人物形象塑造和意境体现。形体的美感主要是依靠音乐作品来渲染唯美质感，音乐的美感是伴随着舞蹈者的动作而升华，人物动态与歌舞的巧妙融合，在美术课上搭建了绘画与音乐艺术之间的桥梁，通过音乐创设开放的环境，促使学生感知觉和思维发展，这比其他艺术形式更直接、更有力。

三、打造高效型融合课堂——推进教学手段的现代化与整合化

网络及信息技术的快速发展，为现代教育提供了新的手段和方法，作为美术教师要想适应时代发展的需要就应当与时俱进，及时掌握和运用现代教学技术和现代教学技能，拓展美术领域的文化视野，注重跨学科的学习与交流能力，特别是结合现代视听工具作为辅助教学培养学生对美的感知，使学生在美术与音乐融合课堂中视听觉有效结合，相关学科知识相互交叉、渗透，开拓视野，提高学习效率。如讲授"绘画作品中的形式美法则"时，可以先让学生聆听柴可夫斯基的《第一钢琴协奏曲》片段，引导学生进行体验和思考，设问这首曲子旋律美不美；之后可以借助现代视听工具作为辅助教学，通过声音营造画面，形象地表现出乐曲的旋律、节奏、音色、音质。钢琴与乐队配合的音响效果以及乐曲的律动形式强调了音乐自身的形式美感和律动美感。形式美与内容美的统一是衡量美术与音乐作品质量优劣的重要标准，节奏、韵律等形式美音乐与美术共有，引导学生感受和体验不同艺术的形式美和内涵美，让其发现视听艺术所具有的相通性，通过音乐形式美导入的方法来帮助学生理解绘画的形式美，便于学生化解、理解教学难点并激发学生的学习兴趣，且能为课堂教学创设一种富于创造性的轻松、和谐、积极的氛围。美术与音乐融合教学可以创设虚拟情境辅助教学，其身临其境的视听感受、学习空间将发生翻天覆地的变化。实际上，音乐鉴赏就是融合了多学科知识，这就使其能够比较容易与其他艺术、文化进行融合。美术界对于光及其瞬间变化的处理在音乐家那里都可以通过调性、旋律等手法写意出来，美术、音乐之间的关系是密切的，这种密切的联系表

现出来又是一种"默契",两者之间可以相互借鉴、融合,甚至可以相互催生。美术教师在教学的过程中,能从学前教育专业学生必修的音乐学科展开,这非常有利于学生触类旁通、举一反三地形成知识结构。

以核心素养为导向的学前教育专业课程教学改革在实践层已拉开序幕,作为学前教育专业核心素养培养重要阵地的美术、音乐课堂必须以培养"全面发展的人"为核心。学科核心素养是学科育人价值的一种集中体现,以核心素养导向的美术课程与教学改革,是通过学科融合教学而逐步使学生具备审美感知素养、艺术表现素养、文化理解素养、创意创新素养。美术和音乐学科融合教学就是为社会培养跨学科、跨领域的具有创新精神和创造能力的综合性人才。

第九章
职业院校学前教育专业美术融合音乐课程的开发与利用

第一节 当前职业院校学前教育专业美术课程存在的问题

职业院校学前教育专业课程的开发与利用是培养优秀学前教育人才的关键环节,在课程开发中要确保课程内容的科学性。另外,课程内容不仅具有连续性、顺序性,还具有融合性。融合性是在课程中的各种内容之间建立适当的联系,以实现最大的学习累积效果,包括认知、技能和情感的融合。职业院校学前教育专业美术与音乐课程融合综合了美术与音乐的艺术形式和表现手段,通过教学目标、教学内容、教学方法等反映艺术的人文性、创造性和愉悦性。通过融合教育学生不但要获得技能,还要提高对美的鉴赏力、感受力和创造力,全面提升学生艺术素养、文化素质与身心素质,最终使其具备健全的人格和高尚的道德品质。然而,现实中的美术课程存在着一些不容忽视的问题,这些问题限制了学生的发展潜力,使我们不得不反思和探讨,以期推动美术课程的改进和提升。

一、美术课程结构缺乏综合性

职业院校学前教育专业的美术课程,通常与其他艺术课程没有渗透和融合。美术课程结构缺乏综合性的问题也在一定程度上影响了学生综合素质的培养。在现实生活中,艺术学科往往是相互渗透、相互关联的。然而,在目前的美术课程中,缺乏与其他艺术学科的融合,导致学生只能在一个狭窄的领域内进行学习和实践。这种学习方式限制了学生的思维发展和创造性思考能力的培养。美术教育的目的是造就学生良好的艺术素质,促进学生职业能力形成，结合学前教育专业人才培养与发展方向，通过美术教学中的创新与实践，提升学生综合素质和能力。学前教育专业美术教学既强调学习交流，又注重发展创新，其教学内容要摆脱过分依赖统编教科书的传统思想，不应该局限于本学科。美术融合音乐课程应注重教学内容的基础性、开放性和全面性，尤其注重学生的情感交流和精神成长，以激发学生的学习兴趣，培养学生感知美、创造美的能力，促进其思维能力的发展。

二、美术教材缺乏融合性

要培养出优秀的人才必须要有适应不同教学需要的特色教材。而今，一些职业院校学前教育专业依旧选取某一固定版本教材或陈旧教材，长时期未更换。由于美术教材内容缺乏融合性，应该从学前教育专业美术课程的开放性和融合性出发，对现有的美术教材进行二度开发或重新设计，这是提升学前教育专业美术教学质量的重要方法与途径。学前教育专业美术教材应能让学生感受美、认识美、创造美、享受美，教材的教学内容主要包括感受、认知、体验、想象、表达和创造等六个方面。学前教育专业艺术课程的确存在比较突出的学科孤立情况，特别以美术、音乐学科为代表，表现出了较强的割裂现象。目前，很多职业院校学前教育专业美术课程的艺术综合性没有得到充分体现，美术教育的多样性不足，这种境况将影响学前教育专业学生职业能力的发展。

三、综合艺术实践缺乏重视

在美术教学中，教师往往更多地注重学生的美术技能，而忽视了学生人文品质和应用能力的培养。应该让学生在教学中以艺术融合的方式来体验、感受艺术的无限魅力，实现情感上的艺术共鸣，提高对艺术的鉴赏能力。通过艺术综合实践活动训练学生的思维能力，并让学生学会采用多种学习方法和思维方式提升其创新能力。在美术教学中通过揭示美术与音乐的各种表现要素及本质特征，让学生从心灵深处体验艺术中最具表现力的部分，而不仅仅是枯燥、乏味、单一的专业化训练。美术与音乐综合艺术实践可以陶冶学生的情操，充分调动学生的视觉和听觉机能，形成互为补充的艺术心理结构和文化结构。

第二节　学前教育专业美术融合音乐课程的三种基本类型

课程需要开发，任何对学生发展产生积极影响的资源，如知识、经验、活动、环境等，都可能成为教学资源。美术融合音乐课程开发的过程是一个动态的、持续的过程。基于这一认识，美术融合音乐课程的开发不仅要收集教学资源，还要对获取的资源进行整理和分析，要选择有利于实现课程培养目标的资源，通过处理、转化、完善，从而真正成为课堂教学的有效资源。美术融合音乐课程既可提高学生思维的灵活性和发散思维能力，又能有效地提高学生解决问题的能力和创新能力。

一、音乐艺术作为研究对象，创新性地解决美术学习中的问题

美术融合音乐课程不仅在于学习美术本身，而且还要鼓励学生利用相关艺术学科去解决美术学习方面的问题，根据课程融合理念，将音乐艺术作为一种工具，融入实际的美术学习任务中去。美术教师在任务设计上应当具有创造性和灵活性，在知识点实现所要求的学科目标前提下，通过与音乐学科融合创设适宜的情境进行教学，美术融合音乐课程不仅仅提供知识，同时提供学习的方法和思维的方式。融合课程资源的开发目的不是在教材中添加了什么，而是帮助学生增强学习兴趣、构筑知识体系、训练创新思维、掌握学习方法。

二、音乐艺术作为教育工具，教学中体现学生主体性

学生在教师的组织下以美术教学为主线，利用音乐为美术教学服务，通过美术与音乐的相通性进行美术学习，运用相关音乐材料构建与美术学科的联系，在融合模式中，借助音乐增强师生间的互动效果，触动学生的情感，学生的主体性在整个教学过程中得到了充分体现。创设多元的教学环境有利于学生个性的形成，教师通过课程融合发挥教学主导作用，利用丰富的视、听教学手段，帮助学生最大限度地发掘其潜力，并调动学生的学习主动性。运用音乐学科在美术课堂上进行互动教学，不仅可以普及艺术学科共通的基础知识，增加对美术的兴趣，而且可以培养学生的创新能力和实践能力。

三、音乐艺术作为学习工具,促进学生身心和谐发展

美术融合音乐课程超越了单一学科学习框架,以主题活动的形式实现课程的融合,学生通过探究性和创造性来解决问题。把音乐学科知识、体验性知识与美术学科有机结合起来,能更有效地促进学生身心和谐发展。如果学生在解决美术问题的过程中,音乐艺术作为学习工具能够给予较多的引导和启发,那么学生就能从中获得更多的体验和启迪,从而使学习活动能力得到提高和改善。

第三节 学前教育专业美术融合音乐课程开发策略

学前教育专业是应用性、综合性突出的专业,幼儿教师的综合素养和能力的高低也决定了他们在幼儿教育领域的胜任能力。随着课程融合理念在职业院校学前教育专业学科中的渗透,艺术课程应超越学科界限,以实现课程的融合。美术与音乐课程之间资源的合理充分整合,无疑对于完成课程目标,提升教学效果,优化教学过程,促使学生全面成长和教师专业发展具有重要的现实意义。

一、美术融合音乐在课程内容上要触动学生思考

美术融合音乐在课程内容上应注意恰当地弱化概念注重实质,将重心从知识传授转移到方法、能力和个性发展的培养上,紧紧围绕艺术素养的综合提升进行灵活、多样的选材和教学。融合课堂务必做到生动、深刻、丰富,并力求融会贯通,引发学生思考,能够触动并塑造学生灵魂,激发学生求知欲,提升学生的思维品质。

美术融合音乐的课程内容在触动学生思考方面具有独特的优势。将美术与音乐相融合,使得学生能够更加直观地感受和理解艺术的魅力,激发他们对于艺术的热爱和探索欲望;通过引导学生观察和表达自然与人文的美,使得他们能够重新审视自然与人文的关系,思考人与自然、人与社会的和谐相处之道;通过让学生合作创作和表演,使得他们能够感受到合作与分享的快乐,理解和尊重他人的观点和创作。美术融合音乐课程,不仅仅是一种教育方式,更是一种思考的启迪,一种对于内心深处的探索。

二、美术融合音乐在课程资源选择上要贴近学生实际

美术融合音乐在课程资源选择上应力求贴近学生实际，具有鲜明的时代性和学前教育专业特点。学前教育专业学生是一个比较特殊的类型，其人才培养目标、学习方式和一般的学科有很大的差别，该课程应贴近学生的实际需要，突出综合性。虽然许多音乐作品各具特色，但并非所有作品都能代表或表现其民族精神、特征和艺术水平。如若不进行合理的筛选，不仅不能吸引学生的学习兴趣，甚至会对学生产生消极的影响。因此，在美术融合音乐课程资源开发筛选过程中，必须选择那些可以为学生所接受、所喜爱且启人心智的精神财富，并进行必要的处理。

美术融合音乐在课程资源选择上应该根据学生的独特需求和背景，选择多样化、多元化、年龄和发展阶段适宜的资源，只有这样，才能够真正激发学生的学习热情。在选择课程资源时，应该引导学生了解和欣赏各种不同文化背景下的艺术形式，通过展示不同国家和地区的艺术作品，让学生拓宽视野，增加文化交流的机会，从而提升他们的艺术修养和国际视野。

三、美术融合音乐在课程理念上要突出学生主体地位

美术融合音乐的课程理念，强调学生主体地位的突出，旨在培养学生的创造力和想象力，提高他们的艺术表达能力和审美情趣。课程融合理念的进一步实施，应当充分体现以人为本的教育理念，重视营造良好互动的美术课堂氛围和提升自主学习能力，在评价上关注学生学习过程、创造意识与实践能力的发展。在美术融合音乐教学实践中，将合作理念融入课堂教学，能深入发掘学生的潜力，有效激发其能动性和创造性，这对学生的成长意义深远。通过美术融合音乐课程，学生不仅能够在艺术创作中获得快乐和成就感，还能够培养自己的审美情趣和艺术修养，提高自己的综合能力和创新能力。更重要的是，他们能够在艺术的光芒中找到自己的价值和未来的方向。

美术融合音乐的课程设计，旨在充分尊重学生的个体差异和兴趣特长，充分发挥学生的主体意识和主动性，以达到全面发展的目标。在这个过程中，教师起到的是引导和激发的作用，而非单纯地传授和灌输。教师根据学生的特点和需求，精心设计课堂内容和活动，提供多样化的艺术体验和创作机会，让学生在自主选择和自由创作的环境中，发现自己的潜能和独特的艺术表达方式。

第四节 学前教育专业美术融合音乐课程开发过程中的建议

一、确立美术教师在融合课程资源开发中的主体作用

美术教师不应成为课程标准和教学大纲的被动接受者,而应是课程资源开发的主体。美术教师应该参与课程开发和利用,美术融合音乐课程开发的过程中教师应当及时做好角色的转变,树立课程资源开发与利用的主体意识,不断地进行大胆尝试和创新,努力构建适合于学前教育专业学生的美术融合音乐课程。作为美术教师要充分认识到音乐学科对于美术教育的重要性,打破传统的教材束缚,重视音乐学科资源对于美术课程的价值,通过融合课程研究去发现哪些音乐学科资源可以运用到美术教学中,对教材本身进行丰富。教师在美术融合音乐课程资源开发中扮演着不可或缺的主体角色,他们不仅需要熟悉教育理论和教学方法,还需要对所教授的学科有深入的理解和研究。

二、重视对学生学情的调查研究

对学生学情的调查研究是美术融合音乐课程资源开发的基础,可以提升资源开发利用的效率和质量。在美术融合音乐课堂教学过程中,教师应始终关切学生的情感、态度和喜好,善于发掘和利用学生自身的资源与经验,将课堂内外的诸多要素结合起来,充分挖掘学生在融合教学过程中生成的可以推动课堂教学的美术课程资源,使美术教学内容更加贴近学前教育专业学生、更符合学生的兴趣和能力需要,从而使美术教学能够优质高效地实现课程目标。

三、准确把握美术融合音乐课程的定位与开发理念

学前教育专业美术融合音乐课程是对学生实施美育的重要途径,其课程定位应结合学前教育专业教育目标,通过融合课程帮助学生形成健全人格,使之成为全面发展,具有高尚师德、教育信仰和职业素养的幼儿教

师。融合课程开发理念应基于学前教育专业学生广泛的兴趣爱好且模仿能力较强的特点，通过多种方式加强学生的体验性与实践性学习，运用多种教学手段和方法，多层次、多视角引导学生创造性、自主性地去体验艺术课程，拓展学生思维的广度与深度，让学生在多元的情境中感受课程知识及内涵，为学生的终身发展奠定基础。

美术与音乐学科的融合是提升美术课堂教学效率的有效措施和手段，它是教学资源和教学方法的有机结合。学前教育专业的美术、音乐学科都是艺术性、实践性、创造性很强的学科。因而，美术融合音乐课程能够有效提高美术课堂教学的实效，进而培育具有较强实践能力和创新能力的高素质幼儿教育工作者。作为教师必须适应跨学科教育需要，打破传统的学科界限，具备融合多学科的综合能力，在专业发展方面强化学习，在开发课程资源方面勇于革新，在促进学生全面发展提高创新能力的同时，不断实现自我完善、自我发展。

第十章 职业院校学前教育专业美术融合音乐课程管理和建设的探索

第一节 学前教育专业美术融合音乐课程管理的优化举措

课程改革实行国家、地方和学校三级课程管理，学校具有课程管理、课程开发和课程实施的权利和责任，课程管理是促进专业以及学生全面发展的重要手段。作为课程管理体系中的主体，职业院校应以职业发展为导向，可以根据自身的实际情况对课程进行再改造和设计，因为课程开发是一个持续动态的过程。职业院校学前教育专业美术融合音乐课程，是加强学生职业能力、提升学生综合素质的内在需求，也是激发师生潜能、促使师生成长的动力。美术融合音乐课程是职业院校学前教育专业具有个性色彩的课程，其课程主要有选修课程和综合实践活动课程等。学校应该考虑社会和学生的需求，强化课程思维，鼓励课程管理创新，对课程进行必要的管理与评价，让融合课程始终处于持续和不断提升的动态建设中。

加强课程管理是有效落实课程计划，提高人才培养质量的重要保证。职业院校课程管理的主要目的在于适应职业发展和技能人才的培养需求，完善相适应的课程体系，提高人才培养质量。

一、构建课程管理系统，打造课程建设团队

课程管理的好坏对人才目标培养的实现具有重要的意义，职业院校需要培育课程管理建设的团队力量，通过组建课程和教师发展中心，对融合课程需求进行调研和评估，同时为课程建设与发展提供保障，明确课程

标准的主要框架和管理要求，以解决课程实施中存在的问题。美术融合音乐课程开发的起点不在于课程本身而在于学前教育专业建设，学前教育专业融合课程的开发需要到幼教机构进行调研，以了解幼儿教育人才结构现状、知识技能要求、幼儿教育教学任务、继续教育岗位培训等情况，从而为课程建设标准提供比较全面、科学的依据，其职业能力应体现在课程设计的各项任务目标中。当然，课程管理需要调动多部门管理的合力，通过课堂教学质量监控、与幼教机构合作与共建、师资队伍培养才能将课程建设落到实处。学校要探寻和建立科学的课程管理方法和管理机制，既要支持和鼓励教师大胆地进行课程创新，也要对课程实施进行有效的监督，才能使融合课程在创新中发展。

二、转变课程管理理念，顺应课程变革需要

职业教育是面向工作岗位的教育，美术融合音乐课程要适应学前教育专业人才成长以及职业能力培养的要求，应当通过学校课程管理系统和课程管理制度，引导教师个性化、创造性地实施融合课程，以确保课程质量的提高。在构建课程计划管理、开发管理、实施管理和课程评价管理的过程中，要充分考虑职业院校学生的特点，注重核心知识体现，提高学前教育专业学生在未来发展过程中的竞争力，体现出职业教育的优势和特点。幼教机构所需要的是具有创新能力的应用型、综合型幼儿教育工作者，为了能够促进学前教育专业人才培养工作的健康发展，就必须加强课程管理，从而保障课堂教学能够充分发挥出效能。作为课程管理者，要不断通过课程管理工作提升自己的业务水平，充分确立"以人为本"的课程管理理念。由于教学主体随着时代、环境的变化一直处于动态的发展中，课程管理也要进行及时的调整，需要加强与教科研机构、幼教机构的联系，提高教师参与课程管理发展与决策所必需的素质，在专家的指导下开展课程研究活动，提高课程管理队伍的专业化水平。

三、走向发展性课程评价，增强应用性课程管理

课程管理效果直接关系到课程目标的实现和人才培养的状况，课程评价是课程管理的重要环节，其评价主体要多元化，需要教师、在校学生、专家、毕业生和用人单位共同参与到课程管理评价和反馈中，保证评价的客观性和合理性。科学合理的课程评价体系对课程监控和反馈具有规范性、系统性和长效性的作用，进而促进教学管理完善和教学质量提高。具体的实施过程中，需要充分

掌握学生的教学反馈，重视教学信息的采集，从中发现问题、解决问题，这也是实现可持续发展的需要。学校通过建立数据库平台，将信息技术运用到课程管理评价中，依靠互联网进行课程管理评价信息的收集采集，使得信息保存数字化，信息处理便捷化，这将是课程评价的一个重要方向。

第二节 促进专业教师美术融合音乐课程素养养成的课程管理策略

融合课程开发成为当今课程开发的热点，学校作为课程管理的主体，应该考虑社会和学生的需要，有必要加强对融合课程的开发与管理，同时结合学校自身的情况对课程进行评价。课程管理是促进专业发展以及学生成长的重要手段，职业院校如果没有符合职业发展需求的课程管理体系做支撑，课程将不能培养出适应时代需求的人才。

一、营造课程研究氛围，助推教师专业成长

课程管理者应树立教研意识，关注教师的课程实践，引领教师积极参加融合课程教研活动，通过课程实施与研究紧密的联系，使教师课程实践的行为与融合课程研究结合起来。通过课程管理者的引领，对融合课程中的相关主题进行具体的研讨，帮助教师学会反思，共同寻找研究点，使教师转变为研究型、发展型的课程实施者，从而使美术融合音乐课程的内容更贴近学生的最近发展区，成为学前教育专业学生最为"合适"的课程，以达到对课程动态管理的目标。学校还可以采取校际合作方式，整合不同职业院校学前教育专业优势资源，共同进行融合课程资源建设，通过打破学校界限，实现优质教师资源共享，合理安排教师跨校研修和授课。融合课程的适宜性、有效性取决于课程管理的实际成效，缺乏课程管理不利于达到课程改革的预期目标。

二、建立课程培训机制，提升综合服务水平

课程管理者在课程实践中要积极发挥好课程引领作用，引领教师理解并认同融合课程理念。为了让教师充分理解学前教育专业

美术融合音乐课程的意图和目标，应针对学前教育专业课程的目标体系和内容，组织教师开展深入学习，同时结合社会发展的需求，明确育人方向，引领教师理解融合课程理念和教育观念。融合课程的实施取决于教师的专业素质，作为学校应当为专业教师提供更多的培训机会，而课程管理者也应积极为教师的专业发展提供支持和服务。通过各种形式的培训让教师深入且系统地学习融合课程的理念，加深对有关理论的理解与运用，摒弃落后的教育观念，切实重视综合实践活动的开展，深入挖掘融合课程内涵，不断提高教师的综合素养与专业能力。与此同时，创设各种机会让教师走进幼教机构，对照自身的不足，不断地学习思考和完善发展，从而提升自身实施课程的能力。

第三节　以就业为导向，推进学前教育专业美术融合音乐课程建设与管理

职业院校课程管理侧重围绕服务社会需要和学生自身发展需求，体现职业技能和职业精神高度融合的要求。因此，美术融合音乐课程管理应该以此为目标，通过对实习生、毕业生的跟踪调查，了解已具备的素质与工作岗位实际需求的差距，把课程管理和教育质量结合起来，突出"以服务为宗旨，以就业为导向"的现代职业教育方向。任何课程都是为社会服务的，合理的课程有助于学生社会能力塑造、职业理想树立、综合素质培养、知识内化实现等多维的教育效能提升。学前教育专业美术融合音乐课程是启发性、创新性和发展性的有效融合，能够有效推动学生对其他课程的理解，进而带动学前教育价值的多维度提升。

美术融合音乐课程建设，要结合学前教育专业的特点，把职业核心能力的元素融入课程内涵建设中去，以凸显职业教育特征。在其课程教学中，教师应当深入幼教机构了解幼儿教育活动，把握幼教机构艺术教育发展动态。职业院校需要加强与幼教机构的合作，可以通过跟岗实习为学生提供参与艺术教育活动的机会，引导学生加强对幼教机构艺术教育活动的观察。可以说，学前教育专业美术与音乐学科的有机融合，可以更好地体现学前教育专业学生的职业特色。从幼儿教师可持续发展角度来看，融合课程教学不

仅是让学生掌握一定的知识，而且要求学生具备组织幼儿开展艺术探究活动的方法，从而形成从事幼儿教育工作的职业能力。

职业院校学前教育专业课程建设要达到预期的人才培养目标，势必要推动课程管理及课程建设的改革与创新，并对课程体系进行完善，从而有效推动学前教育的发展。课程管理者应该及时吸收新的教育理念，不断地完善融合课程，同时给予教师相应的课程决策权，从而激发教师实施融合课程的积极性。当前，职业院校要积极推进学前教育专业课程管理的完善，摒弃滞后的教育教学理念，优化学前教育专业课程设置和评价体系，切实提升学生的综合职业能力。美术融合音乐课程应在遵循学科教学规律的同时，结合学生未来职业特点实现艺术融合课程和学前教育专业的联结，使课程教学体系得到完善，继而促使学生的综合职业能力得到提升。

第十一章
创建职业院校学前教育专业美术与音乐跨学科教师共同体的思考

第一节　美术与音乐跨学科教育视角下对美术教师的新要求

《中国学生发展核心素养》总体框架中所提出的培养全面发展的人，呈现出跨学科与跨领域素养培养特征，其核心素养体现了综合性、开放性和实践性，在注重提升学生跨学科素养的同时，也越来越重视教师跨学科教学能力的培养。如果教师跨学科探究能力和教学创新能力不足，任何跨学科的学习都很难激发出新的思维。《中国学生发展核心素养》总体框架确定了人文底蕴、科学精神、学会学习、健康生活、责任担当、实践创新等未来人才所必须具备的六大核心素养，突出体现了教育的时代内涵。围绕终身学习的核心素养参考框架，特别注重整合性的知识应用及创造性解决问题。

学科教师是跨学科课程的组织者和实施者，跨学科教师团队通过打破学科界限，将原有"备课组"与"教研组"进行调整和重组，教研不再局限于学科内部，要突破传统的团队组合模式，这需要增强教师的合作意识和课改的能力，提高对综合课程形态和实施方式的认识，增强教师之间的互相交流与合作。随着课程改革的不断深化，教育改革的重点已经由知识导向转向能力导向。美术与音乐跨学科教师团队协作在"融合课程"开发方面，应根据所教学生的学情开发课程资源，以实现知识与技能、过程与方法、情感态度与价值观三维目标。将合作学习推广到教师专业发展领域，可以促使各学科教师间的沟通与协作，形成教师教学与研究的良性发展。"教师共同体"就是教师在教与学的过程中互相沟通、交流、分享，共同完成"教、学、研"任务，以促进教师发展为共同愿景。

美术教育要加快学科的横向有机结合，这主要体现在课程的融合，将音乐学科中创新、审美以及知识点等因素与美术学科交叉、融合，增强美术课堂的感染力，提高学生对美术课的兴趣，以促进学生认知结构的完善。美术与音乐跨学科教学不是简单地把美术与音乐学科相似的知识进行叠加与整合，而是把相关学科的体验、思维的方法灵活地迁移和扩展到本学科中，以解决复杂问题，拓展认知边界。美术与音乐跨学科教学应以美术学科为本体，找出两者之间的有效融合点，从而营造出学科间相互支持、相互作用、相互补充的良好氛围。

一、树立终生学习的观念，跟上时代的步伐

当今世界倘若一个人在某一学科领域具有一定专业知识，但不能经常更新知识结构，不注重知识与技能的迁移与应用，他将在一段时期后进入知识半衰期。作为美术教师只有牢固树立终身学习这一观念，增强知识更新能力和创新能力，善于跨学科思考和知识迁移，对各种知识进行广泛涉猎，才能跟上时代发展的步伐。美术教师跨学科能力提升需要拓展自身的教学视野，突破学科教学的固定思维模式，汲取相关学科有效的教学方法。学习一旦停止，教师在枯燥的活动中就会出现职业倦怠，如果不能对新知保持长久的好奇与敏锐，就会严重制约自身以及学生创造力的发展。因此，教师应与时俱进，树立再教育理念，持续拓宽自身的知识领域，以提升教育教学能力。

二、重视教师跨学科合作，实现协同发展

现代教育十分强调合作意识，教师之间应该加强合作，在共同进步中创造价值，通过开展跨学科教育教学活动，进行不同学科间的碰撞、交融和借鉴，打破学科之间的壁垒，避免学生片面发展。在美术与音乐跨学科教学活动中，教师之间的合作要采取积极主动的态度，跨学科合作教学是在彼此关照和充分理解的基础上实现默契和完善，并将其运用到课堂实践中，合作教师需要求同存异，这样才能在共性中凝练个性，在合作中创造新质。以往美术与音乐学科教师之间缺乏沟通联系，欠缺在学科共性的基础上谋求创新，通过多种形式和不同程度的交流研讨，是解决瓶颈的方法之一，在跨学科教学中，才能更好地协调美术与音乐教师之间的个性与共性的矛盾。

三、树立新的人才观，全面提高学生综合素质

随着社会的发展，跨学科教育作为新的人才观，其重心是受教育者的全面、可持续发展，重视人才素质的全面提高。美术与音乐跨学科教育是人文精神培养和人格不断完善的教育。从学科的发展来看，美术与音乐学科间的联系越来越密切，综合化变得愈加显著，其教育教学目的不仅要有坚实的知识基础和优化的能力结构，还应具有丰富的想象力、深刻的洞察力等优良素质，应着重培养学生的创造能力，提高学生的综合素质。跨学科教育要把学生作为教育活动的主体，并尽可能为学生的全面发展创设良好的条件和环境。

第二节 美术与音乐跨学科合作下的美术教师专业发展路径

谋求教师创新发展的突破口，需要尝试新的教师专业发展方式，通过美术、音乐跨学科教师共同体可以解决单一学科内无法解决的问题，美术和音乐作为不同的艺术门类存在着文化共性，其教学理念又有着教育共性，有着很多共通的新问题和创新点。

一、设立"艺术跨域协同创新中心"，形成美术、音乐教师专业共同体

设立"艺术跨域协同创新中心"对于美术教师来说，可以与音乐教师形成一个艺术跨域合作团队和互动发展共同体，通过比较、移植、辐射等方式进行跨学科融合，寄予美术学科新鲜血液和学术营养，并实现教学方法的创新。"艺术跨域协同创新中心"是教师专业发展的创新平台，以实现专业的跨越式发展。可以说美术学科向音乐学科"借力"的方法，是专业教学的重要创新路径，相关艺术学科的渗透和融合，将对教师专业的创新发展起着更大的作用。"艺术跨域协同创新中心"必须建立相关制度，积极探索适合跨学科研究的体制和机制，以确保跨学科活动的质量。

二、坚持跨学科听课、评课，构建美术、音乐教师教研共同体

现代教学更加强调创造性价值，跨学科

教学是一种特殊的教学形态,它超越了原有学科的边界,有助于创造能力的培养。当前跨学科教学发展面临着师资水平有限、教材匮乏等问题,特别是教师的培养长期以来追求学科教育的纵深化,缺少知识的综合和统整。通过跨学科听课、评课,美术与音乐教师参与跨学科协作教研,可以横向拓宽自身的知识面,知识结构将不断完善,也可以增强教师在课堂上的教学权威,学生上课的兴趣会更加浓厚。听音乐课可以体验到音乐艺术的魅力,其中的情境教学法、活动教学法,可以唤起学生美术创作的欲望,通过跨学科听课、评课和教研,从多角度去审视自己的学科,汲取对自己有益的营养,不仅进一步促成教师教学反思更加多元化,也搭建起了一个相互学习、取长补短的平台,这有利于增强教师的教学、科研能力,提升综合素质。

三、加强跨学科培训与研修,建设美术、音乐教师发展共同体

在很长一段时间里,学前教育专业美术教育过于从纵向的角度去实施教学,强调学科的独立性,很少探究艺术学科之间的横向联系。作为一种新的教学形态,站在学生生命发展的高度上,美术与音乐跨学科教学体现出了学前教育专业课程改革的趋势,是帮助美术教师突破学科教学思维的理想方式。可以结合教师实际情况,采取校内或校外两种方式进行跨学科交流学习活动以及邀请跨学科教学专家对相关学科教师培训,只有具备一专多能的跨学科整合能力,才能更好地培育学生。

第三节　创建美术与音乐跨学科教师共同体的意义

学前教育专业学生必须是具有高素质且一专多能的教育人才,这对幼儿教师的综合素养和能力提出了更高的要求。幼儿教师的培养需要充分利用各种资源,广泛涉猎相关学科和领域,不断开阔视野。跨学科教育是典型的协作教育,需要与相关学科的教师进行交流和合作,学前教育发展要求教师冲破学科壁垒,实现学科融合,以满足学前教育专业人才发展需求。

一、培养了教师的合作意识和能力

美术与音乐跨学科教师共同体的创建,使得教师之间交流、学习、研讨、借鉴的机会增多,教师可以从其他学科角度看待本学

科自身发展的不足,也让教师接触到不同的课堂文化、教学模式和教学风格,其实质是强调教师之间的合作。跨学科教师共同体的创建不再是学科教师"孤军奋战",而是教师集体发挥智慧。在跨学科共同体中,教师只有充分发挥自主性,才能从共同体中寻求智慧、汲取营养,最终实现专业发展的持续提升。

二、完善了教师的知识结构

教师必须适应时代和教育发展的需要,重视交叉学科对本学科教育教学的影响。美术、音乐跨学科教师共同体的创建有利于丰富教师个体知识,也能满足学科发展综合化趋势的需要。教育不光是向学生传授知识与技能,更重要的是培养学生形成良好的知识结构和能力结构。创建教师共同体是从跨学科层面出发构建平台,充分发挥各自优势和思维碰撞,促成教师共同成长,它搭建了一个跨学科交流学习的理想平台。

三、提升了教师的教学水平和创造力

创建美术与音乐跨学科教师共同体有利于营造开放的氛围,教学中恰当整合美术与音乐学科相关内容,能强化对知识的理解和掌握,提高课堂教学的效率。通过美术与音乐跨学科教学有利于教师从多角度思考学科教学,可增强教师的教学设计能力,形成学前教育专业发展需求新的美术教育观念。美术教师可以从音乐教学中学到新的教学方法和成功的经验,利用学科迁移、渗透,使学生更易掌握本学科知识。

四、增强了科研的活力和实现了资源共享

科研能力的形成是教师专业发展与提升的体现,美术教师应合理利用美术与音乐跨学科教师共同体力量,以达到预期的科研效果。跨学科教师的合作是教学研究中不可忽视的重要因素,可以加快研究的进展。除了合理利用校内资源进行合作学习、合作教学外,还要充分借助校外资源,从而更有效地实现载体互融、资源共享和专业增值,提升跨学科科研工作开展的效率。美术与音乐跨学科教师共同体的创建可以促使美术教师进一步了解艺术的本质和艺术教学的规律,通过跨学科交流实现教育观念的更新和方式方法的融会贯通,利用、借鉴音乐学科的相关知识和教学方法,促进学生全面和谐发展。

五、保持了职业不倦不殆的活力

现代社会知识的获取方式、途径已经发生了极大的变化,一些仍然固守以往的教学

经验，不愿做出教学改进的教师，已经出现了教师"被发展"的现象。当今无论是新教育理念的冲击还是终身学习理念的渗透，都对教师主体发展产生了相应的压力。美术与音乐跨学科教师共同体的创建作为教师专业发展路径和方式，在一定程度上有助于教师缓解发展压力，使教师之间互助、互赏，促进教师发展的积极性和能动性。如今"跨学科教师共同体"日益受到关注，其以学科渗透、教学方法等为连接点，通过相互沟通与交流研讨，为教师开辟了更广阔的成长空间。

建立并建设好常态化的美术与音乐跨学科教师共同体，能有力促进美术教师个人综合能力的提高，实现多渠道的资源共享和多内涵的专业发展，从而打破原有的教学和研究框架，克服固有思维和认识能力的局限性，增强参与教研的热情，拓宽教研内容和视野，改善教师教研状态。更重要的是在美术与音乐教师互相合作下，可以更好地服务学生，促进学生认知、情感、态度等全面提高。如今教育的发展，已走向教育一体化、内容综合化、途径多样化、交流国际化，需要教师不断地学习，从而树立全新的课程观、学生观、教学观。

第十二章
职业院校学前教育专业美术融合音乐跨学科主题活动探究

第一节　学前教育专业美术融合音乐跨学科主题活动的意义

职业院校学前教育专业始建以来，美术学科较长一段时间基本沿用了专业艺术院校的教育模式，一定程度上偏离了学前教育专业艺术教育实际。随着现代科学技术和文化的飞速发展，学科间的交叉和渗透越来越频繁，人们普遍认识到要深入了解某一学科就应该掌握与之相关的学科知识。学前教育专业的知识结构要求是复合型、立体化的。基于教育必须顺应时代发展的原则，职业院校学前教育专业艺术教育必须改变单科独进的教育模式，树立"大艺术"理念，从美术、音乐两个最基本的艺术学科入手，引导学生涉足更广阔的艺术范畴，以更广阔的视野审视艺术，使他们成为具有全面艺术知识和技能的高素质艺术教育人才。美术通过借鉴音乐艺术能从中理解艺术的普遍规律，并更深切地感受和理解艺术的本质特征。

美术融合音乐跨学科主题活动课程，是学前教育专业艺术课程整合的重要方式，也是人才培养的迫切要求，更是提高学生学习兴趣和综合能力的有效措施。其主题活动是围绕某一中心，以美术学科为主线与音乐学科串联起来进行组织教学，通过师生和生生之间共同建构，从而跨越美术、音乐之间的鸿沟。跨学科主题活动大多没有现成的教材可供参考，需要教师针对学生和学校实际，跨越学科界限自主开发创新式课程和具体的活动内容，这样也就促进了教师专业化的成长。

一、有利于培养以生为本的发展观念

课程是为学生的全面发展服务，美术融合音乐跨学科主题活动终归是为了改善教学，促进学生的成长，跨学科主题活动以学生发展为本，从学生兴趣和需要出发，满足学生多样化发展需求，这体现了学生的主体性和对学生主体地位的肯定。学生只有在活动中树立主体地位，才能充分发挥教师的主导作用和学生的主体作用，从被动学习者转化为主动学习者，让学生自发地探求新知识，使思维处于一种活跃的状态，从而获得好的学习效果。

二、有利于突出职业能力的培养

美术课程是学前教育学科体系中的重要专业课程，它要求幼儿园教师依据不同儿童的思维特质，启发儿童进行创造性的美术活动，通过艺术的魅力来浸润孩子的心灵，开发其智力。学前教育专业美术融合音乐跨学科主题活动选择教学实践中需要解决的问题作为主题，过程中强调学生职业能力的培养，有利于改变以学科为中心的传统教学模式，着重提升学生的综合素养，这样符合幼儿教学活动要求，也有利于学生职业素质的全面提高。

三、有利于培养教师的合作精神

学前教育专业美术融合音乐跨学科主题活动的开发，需要教师之间、师生之间积极协作，长此以往自然就有利于培养创新精神与合作精神。跨学科主题活动开发利用的水平与教师的专业素质和教学能力有关，但最重要的是教师是否具有融合课程意识，是否从目标、课程、评价等维度来规划主题活动，是否成为课程的动态生成者。教师需要选择恰当的跨学科课程资源和教学方法，使主题活动内容生成与转化。美术融合音乐跨学科主题活动的开发迫使教师在协作中生成教师专业共同体，在融合中提升自己的学习能力和创新能力。

第二节 学前教育专业美术融合音乐跨学科主题活动的实践转变

实施美术融合音乐跨学科教学是根据职业院校学前教育专业需求，对学前教育专业人才培养方式所作的一项教育教学改革实验。跨学科主题活动是学前教育专业课程融合的重要手段，而融合学习模式为跨学科主题活动提供了开放的视野。

一、避免幼儿师范教育和专业艺术教育的同化

基于学前教育专业人才的发展方向，为了培养新型的专业人才，有必要摒弃单科独进，兼顾好相关学科知识点之间的关系，将相关内容按其规律特性进行融合。美术融合音乐跨学科主题活动促使学生在把握美术、音乐学科特点的同时，又对艺术教育有了更全面的认识。学前教育专业艺术教育的核心是美育，美术融合音乐应注重审美感知，其课程体系应具有广泛的艺术知识、深入的审美教育方法，这样体现了学前教育专业师范课程体系特点，避免幼儿师范教育和专业艺术教育的同化，明确学前教育专业学生专业发展方向。

二、运用通感和联觉效应跨越单一视觉感受

美术与音乐都是实践性较强的艺术学科，可以利用艺术通感和联觉效应领悟、理解共同的艺术规律，在美术学科的主题活动中借鉴音乐学科，以启发学生审美情感的发挥，通过触类旁通教学法化难为易，借他山之石以攻玉。比如在美术融合音乐跨学科主题活动中，用音质的对比变化启发绘画中的色彩变化；用节奏旋律来理解绘画线条丰富的表现力及艺术美感；用重音、弱音、跳音、连音来感受笔法的抑扬顿挫。还可以结合音乐作品欣赏加深学生对艺术风格和艺术形象的理解。

第三节　学前教育专业美术融合音乐跨学科主题活动的实施要求

美术融合音乐跨学科主题活动设计需要经过"跨"和"融"，主题是其核心目标，既要有高度的知识统整性和内容融合性，还应具有课程的建构意义。主题的开发与选择应

侧重于综合性、跨学科性、通识性和文化性。

一、需要理论基础为支撑

学科融合成熟的理论或方法，是美术与音乐跨学科研究的方法论基础，也为跨学科发展及其跨学科研究提供学科基础。教师应依据前人的理论基础，通过跨学科主题活动有机融合美术与音乐学科，充分发挥学科间综合教育功能，进而提高学生综合分析问题和解决问题的能力。美术与音乐学科之间的碰撞、交融和借鉴，无疑将为创新性人才的成长奠定基础，也将为今后的多元审美艺术理论发展与实践提供一定的指导方向。

二、需要落实教学目标

跨学科学习仍然有学科教学目标，学习总是围绕着教学目标进行的，美术融合音乐跨学科主题活动需要制订相应的活动计划，要根据跨学科活动内容和学生实际，制定出学科培养方向，使学生的跨学科核心素养获得专业化培养。活动计划不单要考虑基本知识和技能，并且要考虑培养过程、方法、情感态度及价值观等，进而保证学生跨学科核心素养得到培养。

三、需要以实践为依托

学科融合要重视学生的主动学习和能力的提升，要合理吸收翻转课堂的先进经验，将焦点放在理解、应用、评价和创造上，要给学生比较充分的自学和小组活动的时间，让他们在小组内和小组间开展探讨、交流、质疑、展示和分享，将传统的内化课堂改造为内化和外化相协调的学科融合课堂。美术融合音乐跨学科主题活动赋予了很多新的学习方式，能够内化知识并外化自己的情感和认识，从而形成审美心理结构。综合探究是跨学科融合课程的一种方式，通过实践将知识技能内化和外化，调动各种感官，使美术学习变得开放和充满活力。

四、需要教师具备跨学科素养

教师应突破过于强调本学科的本位主义思想，站在培育学生综合能力和素养的高度，开展跨学科听课和评课活动，加强艺术学科之间的横向交流与资源协同，建立起跨学科思维，进而提升跨学科教学能力。美术教师可以请音乐教师参与主题活动设计与开发，共同了解相关知识，解决其中的疑难问题，甚至邀请音乐教师同上一节课。教师之间跨学科的交流与合作是促使教师发展的重要途径，能起到启迪灵感、提供借鉴的作用。

第四节　学前教育专业美术融合音乐跨学科主题活动的有效性策略

跨学科主题课程是课程发展趋势，知识的运用和问题的解决越来越需要各种相关知识的融合和互补，培育学生跨学科思维和综合能力的理念越来越为教育者所接纳。跨学科主题活动是围绕某个问题开展学习活动，并联系相关学科，使学生有多种理解方式。美术融合音乐跨学科主题活动应根据课程教学理论，结合学生和教学环境实际情况，为学生提供一个自由的、跨学科的环境，以突破思维障碍，促进学生深度融合学习。

一、迁移运用

美术融合音乐跨学科主题活动是围绕美术学科而进行的，是以主题为工具，帮助学生发展深层理解力。美术融合音乐跨学科主题活动既能促进思维的整合，又能加深学生对知识的理解，有助于形成广泛的知识迁移能力。跨学科主题活动课程在组织教学时必须综合运用各种相关知识，学生的学习不能停留于传统单一学科教学课程模式，应启发学生发掘学科间的相互联系，促使跨学科思维、知识和技能的形成。在跨学科主题课程教学过程中，教学重心应从知识点的掌握转向思维的形成和知识的迁移应用。

二、协作构建

跨学科主题课程的目的是为了提高学生的学科学习水平和综合素质。美术融合音乐跨学科课程内容与学生的生活体验和对世界的认识密切相关，跨学科主题活动营造出一种开放自由的课堂气氛，学生在教师的引领下能积极融入学习。作为学生学习的指导者、促进者，教师应该为学生创造合作、对话的情境，学生应该积极地通过观察、实验等方式尝试合作。通过实现协作学习中的任务，让学生到达学习的最近发展区，整个过程通过师生互动和学生协作去解决问题和完成任务，从而锤炼了学生的能力。

三、融合创新

美术融合音乐跨学科主题活动注重培养学生的创新能力，教师既是学习资源的选择者和开发者,也是学生学习的服务者、促进者和评估者。教师应努力营造一种宽松、开放、和谐的教学环境,加强与音乐学科的融合,发展学生的多元思维,提高其综合能力和创新能力。此外,教师应检验学生在跨学科主题活动中是否已提高了学习内化和外化能力。学生可以通过对知识融会贯通后的表现,进行自我评价和相互评价。

学前教育专业传统的美术学科活动局限性日益凸显出来,在融合教育环境影响下,幼儿园也已经提倡按五大领域组织教育活动,每个领域的内容有机地联系起来,注重综合性、趣味性和活动性。其"领域"是一种广域的学科划分,摒弃了传统分科式教学方式。美术融合音乐跨学科协作教学,可以由美术、音乐教师组成教学团队,最大限度地开发和利用教学资源,使教学效果达到最优化。就学前教育专业学生来说,学科融合可以提升学生的整合思维能力和利用多学科知识认识问题的能力。对教师而言,它可以促进教师从跨学科、多学科的角度考虑和处理各类问题,完善和更新自己的知识结构,促使教学水平和教学质量的提高。

第十三章
职业院校学前教育专业美术融合音乐综合实践选修课探究

第一节 学前教育专业美术融合音乐综合实践选修课程设置建议

随着社会的发展,学前教育用人的要求越来越高,其中对人的创新能力和应用能力的要求尤为看重。美术融合音乐综合实践选修课,是应现代学前教育专业的需要而生的,它突出强调对创新能力和应用能力的培养。当前职业院校学前教育专业美术与音乐学科的"职业性"越来越受到关注,培养学生具备适应时代和职业要求的关键能力是最重要的教学目标。但是相当一部分专业教师忽视了学生职业素养的提升和职业生涯的可持续发展,在完善学生认知结构、解决问题等方面存在一定缺陷,一定程度上阻碍了学生思维和综合能力的发展。因此,针对职业院校学前教育专业发展需要,应该开设多样化的综合实践课程,美术融合音乐综合实践选修课程作为传统分科课程的一种必要补充,可以更好地满足学前教育专业学生未来就业和多元职业发展的需求。

当前职业院校学前教育专业美术课程内容过于专业的现象依然存在,艺术学科的割裂造成了视野的孤立和局限,忽略了幼儿教师职业的真实需要。学前教育专业美术课程应区别于其他专业美术课程,其应与幼儿教育相结合,突出学前教育专业特色并为幼儿教育机构服务。虽然学前教育专业艺术分科课程有很多优点,但也存在着一些弊端。艺术分科课程强调知识纵向发展的内在逻辑和系统性,易受思维定势束缚,忽视了艺术学科之间横向的内在联系、交叉和渗透,进而局限了学生的视野，也制约了学生思维的广度。

艺术教育是幼儿教育的五大领域之一，对幼儿的成长和发展影响深远。通过对幼教机构的调研和访问，用人单位更看重综合素养和艺术特长。学前教育专业美术课程作为艺术领域专业课程之一，其课程与活动具有综合性和探索性，美术教育的价值系统也有着全面综合的性质，涵盖审美、理解、表现、创造等方面。但是当前美术课程教学过于注重知识传授和技能培养，忽视了学前教育专业"师范性"的鲜明特色，对美术教育性质和特点认识不足，尤其在幼儿美术特点及教师指导策略方面研究不够，导致专业特色不足且偏离了"师范性"特点。

职业院校学前教育专业美术融合音乐综合实践选修课程是基于学前教育专业艺术学科课程分科过细且缺乏联系的弊端而设置的，是为了实现学前教育专业学生知识、技能、创造力、教学水平等素养之间的均衡发展而开发的。它以学生发展为中心，以职业需求为导向，按照知识与技能的相关程度进行课程融合来提升学生的整体艺术素养，培养学生对艺术的理解能力、综合能力和创新能力，培养其发散思维以及解决实际问题的能力，让学生形成自我探索的良好习惯，从而建立终身学习的可持续发展观念，具有分科课程无法比拟的优势。

同时美术融合音乐综合实践选修课程的设置可以使未来的幼儿教师对分科和综合课程有一定的理解和体会，可帮助他们消除孤立看待各门学科知识的现象，从而更好地认识综合课程的价值。

一、思想上，提高对美术融合音乐综合实践选修课教学的认识

美术与音乐课程本身就存在价值关联，美术融合音乐综合实践选修课是体现视觉与听觉互动、体验与创造互动的课程。其课程设置的目的在于加强美术与音乐学科知识之间的关联性与逻辑性，以求学前教育专业现实问题的综合解决，其在很大程度上是对分科课程的补充与延伸。

作为学前教育专业教师，应从思想上认识到艺术课程之间可以进行一定的整合。美术融合音乐综合实践选修课能在一定程度上让学生参与更丰富、多元、有趣的综合活动，拓宽艺术多领域知识与能力的发展，更利于学生今后胜任学前教育教学工作。同时教师也应认知到该课程内容不仅要多元化，而且应遵循职业教育规律与学生身心发展规律，构建独具特色的课程内容体系，促进艺术教育与学前教育有机融合，从而为以后的职业需求打好基础，以实现幼儿教育工作者的培养目标。可以说融合是

课程综合化的有效途径，将美术与音乐学科内容融合构成新型课程体系，能够突破学科或领域界限，拓宽美术学习和运用的领域，从而发挥知识的整体功能和效应，提高学生的思维能力和综合素质。

二、教学上，加强对美术融合音乐综合实践选修课内容的合理取舍

课程实施是教师和学生共同参与、探究知识的过程，其内容是一个动态的发展过程，具有开放性和灵活性。美术融合音乐综合实践选修课程需要美术与音乐教师共同研究教学内容，结合教学经验，协同开发体现学前教育专业特色且能更好服务幼教机构的融合课程。在融合课程设计上应注重营造职业情景化的环境和氛围，以美术学科为中心，借助现代教育技术，根据学生已有经验和知识，把具有关联性的学科知识和内容联系起来，逐渐形成用学前教育专业整体的视野去审视艺术教学问题的一种课程体系，最终培养学生学会用综合而全面的方法去解决问题。因此，美术与音乐学科教师需进行必要的合作，对课程内容进行一定的合理取舍，力求使艺术学科间知识和技能的交叉与渗透更合理全面，促进学生思维方式的多元化和知识经验的统整，培养学生的创新精神和实践能力。

三、内涵上，注重对学前教育专业学生人文精神的培养

美术学科是具有独特情感特性和丰富人文内涵的学科，且门类纷繁，通常包括绘画、雕塑、建筑、书法、篆刻、新媒体艺术等类型，若能与音乐学科融合，再结合学前教育专业特色，势必更能凸显其人文教育的功能，使学生的情操得到陶冶，心灵得到净化。美术融合音乐综合实践选修课不仅要强调对学生综合艺术素养的培育，更应重视对学生人文精神的培养。在该课程中学生不仅可以通过可见可触的二维画面和三维造型获取对审美的认知，还可以通过融合课程提高学生的感知能力与综合思维能力，加强学生对美术的理解和认识。在优秀的美术、音乐作品当中，充满了人文主义的色彩，学生要想深入地理解美术作品，可以透过音乐来强化其感受力与思考力，并内化于心。这不仅能够实现信息、情感和思想的传递，而且可以实现文化的认同与传承，进而拓宽学生的审美视野，使学习者在获得艺术享受的同时更浸润了人文精神，对于学生以后的专业发展和终身发展都很有帮助。

四、考核方式上，注重美术融合音乐综合实践选修课形成性评价的开展

美术融合音乐综合实践选修课程既要重

视教学结果评价，也要重视教学过程评价。课程考核不仅要关注学习结果，更要关注课堂效果和学生学习的具体方式与内在感受。形成性评价可从教学中师生、生生之间的协同合作，学生知识的积累和对知识的整合程度，学生对知识点的迁移与应用等方面开展。学生的学习状态和效果是课程评价的核心所在，课程考核和评价的开展都应该以学生为中心，目的是使学生获得持续发展。当然，教师的课程设计和教学能力也非常重要，课程情感目标是否渗透，学科知识融合是否准确合理，内容是否符合学情，这些都和学生的学习效果相辅相成。

第二节　学前教育专业美术融合音乐综合实践选修课程的改进路径

学前教育专业具有鲜明的师范性，培养的是具有综合素养且全面发展的幼儿教师。美术融合音乐综合实践选修课程作为传统分科课程的一种必要补充，具有综合性、活动性、创造性的特点，可以更好地满足学前教育专业学生未来就业和多元职业发展的需求。可以说，融合课程的出现是时代发展的要求，也是学前教育专业发展和学生成长的要求。

一、处理好学科衔接

《幼儿园教育指导纲要（试行）》明确指出了"幼儿园的教育内容是全面的、启蒙性的"。艺术领域是幼儿教育活动中的重要组成部分，其内容可通过专业人才培养方案与职业岗位的对接，将相关艺术学科教学进行有效的深度融合，从而构成一门能反映学前教育专业特征的综合课程。学前教育专业美术融合音乐综合实践选修课程以美术学科为主线进行统整，找到学科间的结合点、融合点、切入点，打通纵向与横向知识、技能的融合。通过艺术学科的相互关联与融合，选择合适的教学手段和方法，使学生既能认识到不同艺术学科的核心知识，又能打通其关联点，引领和推动学生对艺术综合的深入认识。

二、突出实际应用

新课改提出幼儿园实行综合实践课程，

课程内容注重多角度、多层面的整合，要求突破学科的局限，以儿童活动为中心，提倡"做中学"。美术融合音乐综合实践选修课程是把音乐引入美术课程教学中，内容、方法更为多元、灵活，使学前教育专业的学生能够以多元视野去认识和思考学前教育相关问题，这符合学前教育未来教学的实际需要。因此，该课程教学应更加注重学生知识的掌握与实际应用，更注重学生思维和创新能力的培养，更注重学生多元综合实践能力的锻炼，进而使学生获得更多解决问题的方法和技巧。除了通过课堂教学突出实际应用，美术与音乐融合课程还可以为学生提供和探索多元学习空间，如组织学生到幼教机构参与综合实践活动，帮助学生了解、熟悉、感受幼儿园综合实践课程。

三、主题式教学

美术融合音乐综合实践选修课程通常以主题形式，并以美术学科相关知识为主线来建构相关联的学科知识体系，通过主题将学科内容融合并以综合活动的方式来体现，以实现学生认知、情感、个性、能力等多方面的发展目标。

一方面，该课程通过模块化构建主题教学的内容体系，形成综合性的知识构成。如艺术鉴赏类课程俄国批判现实主义画家列宾创作的《伏尔加河上的纤夫》油画，可与俄国男低音歌唱家夏里亚宾的《伏尔加河船夫曲》歌曲融合；艺术表现类课程"表现春天（主题绘画）"，可与音乐作品《春之声圆舞曲》《春江花月夜》《北国之春》融合；艺术探索类课程"凝固的音乐——建筑"，可与《月光下的布达拉》（西藏民歌）、《阿尔罕布拉宫》（西班牙吉他名曲）融合。

另一方面，该课程可以运用多种教学形式与教学模式，通过"同课异构"的形式，不断寻求课程融合发展的有效途径，解决融合教学中的难点。譬如开展小组合作探究式教学，利用线上与线下教学模式，这些既能提升学生的学习兴趣又能提升课程质量。又如可以充分利用融合课程的自身特色，把美术与音乐产生横向联系的知识点和技能录制成微课，在教学实践中引入翻转课堂教学模式，以构建主题式的交叉互渗型系列教学内容模块，强化学前教育专业艺术课程之间的联系。

随着幼教机构综合课程的开发与应用，学前教育专业艺术课程的综合化，也成为摆在职业院校学前教育专业人才培养面前的一个非常重要和迫切的课题。核心素养是学科育人价值的集中体现，艺术学科以美育人、以文化育人，其核心素养包括艺术感知、创意表达、审美情趣和文化理解。美术与音乐学科的融合，是提高学前教育专业学生核心素养的重要途径和手段，能促进学生认知能力的发展，能跳出思考边框形成全新视角，能使思考更具创造力。可以说，融合课程的出现是时代发展的要求，也是学前教育专业发展和学生成长的要求。

第十四章
新媒体环境下学前教育专业美术融合音乐课程创新发展策略

第一节　新媒体的概念和特征

互联网与数字通讯技术的发展，使得新媒体应用越来越广泛。与此同时，新媒体已逐渐融入学校的教育教学工作中，并对学生的学习方式产生影响。新媒体已经渗透到学习、生活、工作的方方面面，在很大程度上改变着人们的思维方式和生活方式。新媒体结合了互联网技术，通过数字化技术来分享资源、交流思想，这也为教师展示教学资源提供了新方式，极大地便利了教学工作的开展，同时也打破了传统教学中时间与空间的限制。

新媒体依附互联网及数字化技术，以动态的形式存在，突破了时间和空间的局限性。新媒体通过互联网利用计算机、平板、数字电视、手机等终端设备，随时随地提供信息。新媒体以互联网络作为媒介，推动了整个社会的发展，也加速了信息化教学的发展，同时促进了学生主动、全面、个性化的发展。

新媒体具有即时性、交互性、便捷性、灵活性、开放性、直观性、包容性、延展性、融合性、分众性等特征。新媒体通过互联网及数字化技术整合各种信息，以视频、音频、图片、文字为一体的形式进行传播，使它延伸至生活中的各个角落，教育不再受到时空要素的限制。新媒体的发展使信息资源不断丰富，由于在传播上具有信息量大、传播速度快等特性，使得信息传播更加高效快捷。新媒体开创了新的教育与学习的环境，也给教学观念带来了根本性变革，对构筑终身教育体系和创新教育提供了平台。

第二节　新媒体对美术融合音乐课程创新发展产生积极影响

在新时代下,新媒体得到了高度的发展与重视,也得到广大教师的普遍应用,对提升教学质量具有不容忽视的作用。随着新媒体的快速发展,其在教育方面的运用形式也变得更为丰富多样。

一、课程立体融合,学生自由成长

在新媒体环境下,课程教学应该向着数字化的方向变化发展,教师也需要进行教学方式的改变和革新,并通过新媒体获得大量不同形式的教学资源,使得教学资源变得立体化。新媒体的发展丰富了课程融合的方法,美术融合音乐课程资源以图片、文本、视频、音频、动画等多种形式呈现,通过合理运用各种资源,不断提高融合课程教学质量。

新媒体使得学生获取信息的途径越来越多,接触的信息越来越丰富。在美术融合音乐课堂教学中,合理地运用新媒体,能吸引学生的注意,有效进行融合教学。新媒体技术为融合教学注入了新元素,它将知识点融合进图像、视频、音频、动画中,视觉和听觉上的相互结合能够最大程度地激发学生的学习兴趣,使学生的视野变得更加广阔,充分发挥学生的各种知觉来感受知识的魅力。

在美术融合音乐课程教学中,专业教师要充分利用新媒体的广泛性和丰富性,充分满足学生多样化与个性化的需求,提高学生核心素养。比如教师在进行"美术表现"拓展模块课程"江南小镇——南浔"教学时,以信息技术为媒介渗透美育、德育,利用 VR 虚拟信息技术,让学生置身于南浔古镇之中,教师为学生讲解绘画取景要点、构图技巧,并身临其境地感受古镇的魅力,让学生在深远历史中穿行。在特定的环境下,配以恰当的音乐去看、去听、去感受,帮助学生增强理解和记忆,通过这种形式,为学生提供一个真实的体验空间,提升学生的艺术感知能力和造型表现能力,让学生得以更好地亲近历史和感悟历史,了解南浔古镇深厚的历史底蕴和丰富的文化内涵。新媒体的使用能为学生营造教学情境,从而引起学生情感上的共鸣,培养学生形成良好的综合素养,实现全方面发展。VR技术是一种虚拟现实的全景仿真技术，3D的效果能够实现课堂的全景仿真模拟，使展示的教学资源更具有真实性。如今VR、AR教学资源不断增加，也为"互联网＋教育"的发展和更新提供了更为广阔的途径和空间，在手机、iPad等移动端安装相关教学软件，通过软件在数字模拟环境中可实现人机互动，不仅给学生带来视觉和听觉的体验，还可以在触觉上给学生更多的感受，从而产生亲临真实环境的浸入式学习姿态，能够激发学生的学习动机，实现情境学习，促进学习迁移。

虽然新媒体为学生提供了海量的学习资源，但学生要在教师的指导下掌握信息处理能力。比如掌握各种数据库、应用软件的使用方法，准确、快速地搜集各种相关信息，能够根据融合课程学习的需要迅速筛选出契合度高的学习资料。

二、教学双向互动，师生有效交流

新媒体时代在给融合课程教学带来探索与革新的同时，也提供了一个开阔的信息获取平台和自由的交流平台，使得师生之间可以进行更多的沟通和交流。新媒体具有参与、分享和互动的多重功能，打破了传统媒体时空的局限性，尤其是移动终端在教育教学中的应用，可以充分发挥课程融合功能。如今，智能手机已成为职业院校学生学习和获取知识的重要途径，教师可以利用移动终端创新课程融合的方法，通过线上线下双向互动教学，提升课程融合的实效性。

如教师在进行"文化理解"模块课程教学时，让学生先进行美术与音乐同一主题范围且同一文化背景的资料搜集，体验两种不同艺术形式的表达，强化同一主题在不同学科中的应用，使学生在不断收集、探索和体验中加深对这一主题的文化理解。随着新媒体的迅速发展，网络平台为合作学习提供了一个良好的交互环境，学生和学生之间通过文字、声音、色彩、动画、影像等，实现实时和非实时信息的高度集成、共享与利用，其呈现的信息是多维和动态的，能调动学生的多种感知器官，在提升学生思维的同时促进深度理解。美术与音乐学科相对其他学科更需要"教"与"学"的融合，这种教学间的融合往往产生于教师和学生的有机互动交流，它以美术学科内容为切入点，围绕某个主题设计单元教学内容，并通过学生积极参与，才能真正地进行艺术融合，获得审美体验。融合、互动、交流是融合型艺术教育的重要特点，也是培养复合型人才的有效方法。美术融合音乐课程强调综合与联系，就是通过发掘其关联性与共同价值，利用感觉、意象、情感、观念等要素间的碰撞、对话，生成与构建学生的艺术通感，培养学生整体的艺术修养与审美意识。在这种生态式艺术活动中，不仅有各种知识和信息的综合渗透，还有相互对话和融合所迸发出的智慧与思想的火花。

美国学者霍斯曼指出："就像语言教学能把听、说、读、写综合起来一样，艺术教学也可以把视觉艺术、听觉艺术、触觉艺术等融为一体。"网络新媒体的运用，将成为学生内心体验与情感开发的催化剂，为艺术教育课程间的融合提供良好的环境，让学生在探究中实现情感的体验、知识的学习和能力的提升。

三、资源多元整合，感官动态激励

在数字化和信息化时代，新媒体能够成为人们生活中的一部分，是因为新媒体能够对人们的感官功能进行延伸，使得人们可以涉猎更多丰富的资源和素材。课程资源是一切课程活动的基础，在新媒体时代背景下，信息爆炸性增长，美术融合音乐课程需要积极运用新媒体技术搜索融合课程相关资料，并通过注重结合教学重点、难点内容来重新整合教学资源，进而实现美术与音乐课程的完美融合，以提高课程教学效果。

新媒体的发展，每一个个体既是传播者又是接受者，网络与数字化把每个人紧紧地联系在一起。如今出现的许多教育软件、社交软件都可以成为教育教学的载体，在美术融合音乐课程教学过程中，教师可以通过使用数字技术、网络技术以及电脑、手机等终端网络媒体，加大教学手段的创新性发展。如教师在进行"绘画鉴赏"模块课程教学时，可以充分利用博物馆、图书馆虚拟馆藏具有的各类功能。现在很多博物馆、图书馆已经实现了数字化阅览和管理，其虚拟馆藏资源就是借助计算机系统、通信网络搜集获取互联网的信息资源，并针对性地增强了信息检索的功能。学生可以利用搜索引擎进行分类式搜索和关键词搜索，对某类主题信息进行查询、浏览，并参考有关文献，还可以进入链接的相关网站、网页，迅速准确查找到自己所需要的信息。如今移动网络设备已经成为人们生活中的必需品，APP数字化教学平台里面蕴含着丰富的教学资源且功能强大，它能将传统美术教学的示范、音视频等进行整合交互，让知识和技能通过信息化、数字化的演示与交互来完成对新知识的意义建构。对于美术融合音乐教学来说，与教学APP进行有效的融合，不仅能够获得丰富的教育资源，同时也能够实现学生的自主学习和协作式探索。

美术是一门综合性的艺术学科，美术与音乐学科的有机融合可以建立对艺术作品的综合审美认知，这对学生文化艺术理解的多维度拓展具有重要意义，能有效提升学生的跨文化理解能力。艺术课程是学前教育专业学生完整地认识世界、感受多元文化、拓宽文化视野的重要途径之一。美术融合音乐课程符合学前教育专业学生的发展需求，也顺应社会发展的要求。但是，教师仅仅掌握本学科、本专业的知识不足以支撑融合课程的创新实践。美术融合音乐教育需要专业教师将单一的学科教学转变成综合教学，不断拓展自己的知识面，提升自己的跨学科教学能力。

第三节　新媒体环境下美术融合音乐课程创新发展策略

互联网与数字通讯技术的发展，使得新媒体应用越来越广泛，其教育价值也在不断地被发掘，促使教师的教育教学方式发生转变。在新媒体环境下，针对学前教育专业学生应具备的综合素质和能力要求，应重视美术融合音乐教学，并有效实施艺术融合课程，使其符合新时期社会发展对学前教育专业艺术课程的教学要求。

一、立足新媒体，构建翻转课堂新型学习方式

课堂是师生之间相互交流的舞台，也是学生探索知识、发展能力的舞台。立足新媒体，通过翻转课堂把学习的主动权交给学生，教师不再占用课堂时间来讲授新知，课前学生通过新媒体自主预习、移动学习和互动学习，并在海量教学资源的驱动下，实现学生学习效果的有效把握，学生在课堂上就有更多时间去探索新知识、新现象，教师则用更多的时间与学生进行交流，完成答疑解惑的任务。新媒体的利用能够使翻转课堂的效果更加有效。例如艺术探索类课程梵高的"星月夜"与《Vincent》（纪念梵高的经典民谣），基于新媒体的翻转课堂学习环境建设，课前教师将教学资源发布给学生，按小组给学生布置任务，利用移动终端设备或计算机设备，搜集相关资料，通过梵高的生平介绍、作品创作背景以及创作历程，充分激发学生对学习对象探索和求知的兴趣。在课上通过比较、剖析其作品的创作手法及风格，并在具体的

交流对话中形象性、系统性地体验和感知他的绘画作品。音乐是心灵与情感的纽带，是沟通与合作的桥梁，《Vincent》这首歌是美国民谣歌手为纪念后印象派画家梵高而作，灵感来自梵高的油画《星月夜》，其音乐旋律流畅、词作唯美，学生在欣赏时会根据音乐内容和音色在心中构建形象及画面，产生丰富的联想和体验，这种联想和体验围绕着作品的主题思想。旋律是经过艺术构思后形成的有节奏起伏的声音线条，它是音乐中最突出的绘画性因素。节奏表现出长短、强弱、快慢等，不仅可以表达人的情绪，也可以描摹物象的状态。节奏的变化可以营造不同远近的空间感从而达到为音乐造型的目的。旋律和节奏以时间为画笔在不同音高位置上展现画面，视觉与听觉的彼此"联通"使脑海中形成与歌曲匹配的画面，绘画中的线条与造型实际上表达了艺术家在创作过程中各种心情的律动。和声与音色犹如色彩，从物理学角度分析，都是一种波动，音色与颜色之间存在着一些自然的联系，一个八度内七个音的声波频率与相应光波频率之间七种色彩的比例大致相符。曲式指的是乐曲的基本结构形式，创作一首歌曲需要找到适合于歌曲内容的形式，这和绘画构图有着共通之处，都是素材的选择和组织的问题，是为了更好地表现艺术作品的内容。音乐风格即曲风，音乐和绘画的风格类型相似程度远远大于其他艺术。音乐辅助课堂便于学生理解绘画，化解教学难点，在传达审美效应时，达到意境与节律的相融。音乐本身有着十分丰富的内涵，学生在音乐美感的体验、感悟、沟通和交流过程当中拓宽了艺术视野与审美感受，能更好地认识和理解音乐与绘画的个性与共性，唤醒内心深处的灵感。在新媒体的驱动下，学生的作业交流形式也更加便利和快捷，通过网上作业预览、交流与评价，可以促进学生的深入理解和认识体验。

翻转课堂的开展给学生以充分的时间，在有限的教育时间内大大提高了教学的效率。对教师而言，更重要的是培养互联网教学课程设计和课堂掌控能力。教师应认真研究新型的互联网教学模式，根据互联网教学环境下学生学习的特点、规律，研究教学模式的改革，持续创新课程设计、教学内容、课堂结构以及具体的教学形式，探索建立一套适合新媒体教学的新办法。

二、利用新媒体，促进特色课程融合发展

许多传统教育无法及时解决的问题，在新媒体时代都可以及时通过互联网和各种软

件解决，网络平台的搭建可以让所有人共享知识与资源。将新媒体教学方式引入美术融合音乐课程中，对学前教育专业艺术教育会有较大的改善。当前学前教育专业美术、音乐等艺术类课程融合不足，而新媒体的发展使得非正式交流成为跨学科知识共享的途径，新媒体环境已经成为跨学科学习的重要途径，它为课程融合提供了广泛的知识平台和交流平台，也使得艺术课程的融合更加简便有效，一定程度上服务于专业培养，或能达到更为理想的育人效果。例如，教师在教学过程中，可以将新媒体运用在绘画鉴赏课上，其为美术课堂对音乐的选择打开了一个广阔的空间，针对不同的绘画内容，可以通过新媒体选取合适的音乐，做到绘画与音乐在内容上的和谐统一。在鉴赏过程中，可以直接利用相关软件，解析出乐曲出自哪位作曲家以及产生这首乐曲的背景知识。由于画面和音乐同时出现，通过音乐的播放形成具体、真实的环境氛围，在这种环境氛围之下能促使学生的感觉、知觉发展，并通过想象去捕捉某些具体的视觉形象。由于视觉和听觉的共同冲击，能使学生的情感得到进一步升华。有一些音乐名作，作曲家是根据绘画作品来构思创作的，音乐与绘画作品之间有着某种直接的联系，其音乐欣赏中的色相，就是听者在视觉上引起的一种"色听联觉"，即对音乐调性产生的不同感性色彩的联觉共鸣。例如听到乐曲《打起锣跳起来》就会产生鲜艳明快的色彩感觉，听到乐曲《汉宫秋月》就会产生灰暗清冷的色彩感觉。在聆听乐曲的同时教师要准确把握融合性特点，探寻美术与音乐知识的内在联系，发挥音乐学科的优势，形成融通一体的新型课程，从内容上而非形式上、从实质上而非表面上形成有机融合，这样就能大大提高学习的效率。网络新媒体环境下的课程融合往往需要多科教师共同设计实施，通过充分运用新媒体完成课程间的横向联系与知识上的纵深理解，这样才能更好地实现美术与音乐课程之间的有效融合。

职业院校学前教育专业课程建设应明确艺术教学的综合价值，立足艺术教育根本，利用新媒体加快推进融合教学，促使学生全面发展。在新媒体技术影响下，需要对学前教育专业艺术课程进行改革与创新，可以运用互联网的新理念、新工具、新手段来改变课堂，充分运用美术融合音乐课程的优势，以职业能力为导向，为学生营造优质的学习环境，不断完善课程内容和方式，实现创新发展，提升教学质量。

在新媒体环境下，针对学前教育专业学生应具备的综合素质和能力要求，重视并有效实施融合课程，符合时代发展新需求。新媒体对教师的教育教学提供了强有力的支持，作为教师应该深挖新媒体新技术的作用，致力于服务学生发展需求的课程建设，但是不能过分依赖新媒体技术。美术融合音乐课程的创新发展离不开新媒体，也需要教师媒介素养的提高。教师获取、分析、评价和传输各种信息的能力是十分必要的，只有教师不断提升和完善自身综合素质，才能够将美术融合音乐课程在新媒体场域中有效融汇。

第十五章
职业院校学前教育专业美术融合音乐课程与师生专业发展
——基于"园校合作"视角

第一节 教师合作文化视角下的学前教育专业美术融合音乐课程建设

幼儿教师职业具有的师范性，决定了职业院校学前教育师资培养是一种特殊的职业教育。学前教育专业毕业生要有良好的艺术素养，这是由幼儿教师自身的职业要求决定的。其综合性的内涵要求学生知识面宽、能力多元。其师资的培养讲求学科融合、能力渗透和综合实践能力优化，需要打破学科之间的界限。学前教育是全方位促进儿童身心发展的阶段性教育，应尽快突破传统单科师范教育的课程框架，通过职业院校与幼儿园的合作，形成融合教育共同体，从而增强学生的学科综合实践能力。美术与音乐作为注重开放性和实践性的艺术类学科，具有一定的自然融合属性，可以实现双学科的相互融合，通过诉诸于不同感官的关联和综合，帮助学生从多种角度了解艺术价值。学前教育专业学生接受融合教育的过程是实现自我提升的过程，也是不断自我认知的过程。幼儿园需要改革创新综合艺术课程，职业院校学前教育专业美术融合音乐课程建设，将强化幼儿师资综合素质的提升，也直接关系着幼儿各项素质的成长。

教师之间的合作不仅能改善课程实践，也是教师专业成长的手段。在有共同价值追求的教师群体中，如果形成了平等、信任、民主的教师合作文化，那么教师发展的方式也将会从孤立式转向合作式,其发展目标也从个体发展转向群体发展。教师的职业生活自然而然地生成一种相互开放、相互滋养的伙伴关系,合作不仅成为教师个体专业发展的有效途径,也成为促进教师队伍培养的主要路径。教师群体的发展对破解美术融合音乐课程教学中的问题、进行课程教学反思具有重要的促进作用。专业教师群体应用专题研究型、项目开发型合作模式,通过对话和交流,从一个学科或专业向跨专业、跨领域拓展,不断提升对自我及自我实践的理解。专业教师间的思想碰撞、融合,学识的不断增长,使教师对知识愈加尊重,对探讨的渴求愈加强烈,这在一定程度上激发了教师合作的兴趣,也提升了群体合作给教师专业发展带来的推动力。当然,教师群体的发展和合作无论是教师自发建立还是自主进行,都需要学校政策的引导和制度的保障。因此,良好的教师合作氛围需要学校管理制度作为支撑。

第二节 "园校合作"提升学前教育专业美术融合音乐课程品质

学前教育专业学生需要不断地学习和掌握最新的教育理论和教育方法,以便能够为幼儿提供优质的教育服务。然而,学校内部的教学资源有限,无法完全满足学生的需求。幼儿园作为学生实践的场所,提供了宝贵的实践机会。学生可以在幼儿园里参与教学活动,并与幼儿进行互动,这不仅能够让学生更好地了解幼儿的需求和特点,还能够锻炼他们的教学能力和沟通能力。通过与幼儿互动,学生能够更加深入地理解美术融合音乐课程的教学要求,提高自己的教学水平。

美术和音乐是学前教育中不可或缺的重要组成部分,它们能够激发幼儿的想象力和创造力,培养他们的审美能力和艺术素养。然而,由于学前教育专业学生的专业知识和教学能力有限,很难达到高水平的教学要求。通过"园校合作",学前教育专业学生能够借助幼儿园丰富的资源和专业的教师团队,共同探索美术融合音乐课程的教学方法和实施策略。他们能够学习到幼儿园优秀教师的教学经验,并将其运用到自己的教学实践中,提升自己的教学水平。同时,幼儿园教师也能够通过与学前教育专业学生的合作，不断拓宽自己的教学思路，丰富自己的教学内容，提高自己的教学质量。这种合作模式能够促进双方的共同成长，提升美术融合音乐课程的教学品质。

学前教育专业美术、音乐教师和学生，需要与幼儿教师进行多向互动合作，从而不断增长课程实践经验，提升课程融合能力。如今幼儿教育阶段的艺术课程日趋走向综合，美术和音乐的交叉融合愈来愈受到重视。幼儿的身心发展特点决定了幼儿教育需要高度整合，其课程也必须从学科课程走向综合性课程。如果学前教育专业学生在入职前所接受的专业培养与入职后的课程教学不能实现有效衔接，将会限制学生入职后的职业发展，学科融合是学前教育专业课程改革中应努力的新方向，它能打开新的教学视野，实现新的专业成长与跨越。美术与音乐的融合能够让美育形式更加丰富，通过富有感染力与吸引力的融合教学，可以更好地培养学前教育专业学生的审美能力和创造能力，并使其身心健康得到良性发展。职业院校学前教育专业一线美术、音乐教师不仅要增强合作，还要不断学习和进修，以便尽快使自己由单科教师转化为综合艺术教师。

第三节 "园校合作"背景下美术融合音乐课程创新与师生发展的路径

随着教育改革的持续深化，职业院校学前教育专业艺术课程应尽快打破传统单科师范教育的课程框架，通过构建职业院校与幼儿园合作平台，形成融合教育共同体。美术融合音乐是诉诸于不同感官的关联和综合，有助于学前教育专业学生从多种角度认识艺术价值，也能运用联觉、通感的整体建构方式，培养学生融会贯通、整合创新等多种能力，从而促进学生的整体发展。

一、课程融合基地：应用型人才培养的新模式

根据学前教育专业人才培养模式，职业院校应该将专业优势和岗位实践有机结合，拓展校外实习实训基地范围，构建课程融合基地，从而使学前教育专业的学生能够将自

己所学在幼儿园得到检验，并进行真正的理论与实践的转换。通过这种方式形成的幼儿师资培养、培训和研究一体化的课程融合基地，不仅能提升学生的专业技能，为将来胜任幼儿教师这一职业提供保障，同时也能促进幼儿园的发展。课程融合基地每个学期都可以为学生布置一定的见习任务，如借助幼儿园的主题活动开展专项见习，进一步提升学生对学前教育专业的了解和认识。有条件的职业院校还可创办自己的附属幼儿园，更为直接地达成专业建设和幼儿园的对接。通过园校共建学前教育专业课程融合基地，双方在融合的认知、理念、定位等方面进行深度沟通，让学前教育专业学生对幼儿园的艺术综合实践更加有真实的体验，避免美术与音乐学科的融合流于形式和缺乏深度，从而使学前教育专业毕业生成为"艺术型""多元型""双师型"等复合应用型人才。

二、课程实践共同体：师生专业发展的新视角

幼儿园是学前教育专业学生开展美术融合音乐课程实践活动的试验场，也是美术、音乐教师专业成长与发展的重要场所。职业院校学前教育专业师生通过与幼儿园教师的结对，了解了幼儿园教师专业发展的实际需求，才能更好地推动美术融合音乐课程实践的发展。职业院校通过专业教师到幼儿园听课并与幼儿园教师共同开展教科研活动，甚至参与幼儿园相关课题研究，才能使美术融合音乐课程实践有针对性，从横向来说应该进行多角度的交流，从纵向来说是需要深度的沟通。只有职业院校学前教育专业师生与幼儿园教师全方位多角度的协作，才能促成专业发展共同体。另外，根据美术融合音乐课程实施的需要，通过遴选和聘请幼儿园骨干教师承担相关的教学任务，真正以开放的心态，互相学习、取长补短，以便学前教育专业学生可以更好地认识和把握专业发展方面的需求。职业院校学前教育专业师生与幼儿园教师专业共同体的构建，在促进师生经验提升的同时，无疑将有力地推动园校育人质量。

三、课程无缝对接：教育教学深度融合的新机制

职业院校学前教育专业应当设置与幼儿园教育紧密联系的课程，应该更注重专业化的发展，其课程目标需要涵盖幼儿的全面发展，注意相关领域的融合，需要有系统、有计划地运用各种课程资源，使其成为一个有机的整体。在幼儿园作为艺术教育核心组成部分的美术、音乐、舞蹈等，共同构成了完整的美育教育体系。虽然学习内容和形式存

在不同程度的差异，但对美学思想、审美鉴赏的培育具有许多共通点，其内容也都是相互交叉、互生互补，并不是互不相关的。学前教育专业教师可以根据自身的能力和创造性的综合艺术课程内容，通过幼儿园活动和职业院校课程的相互开放，依托于教学资源的共建、共享，实现课程无缝对接，使园校双方互惠共赢。其丰富的实践经验和案例，会让学前教育专业学生的专业认知与学习更形象生动，也为职业院校学前教育专业师生和幼儿园的发展提供了更广阔的空间。美术融合音乐课程需要构建以主题活动为基本形式的整合课程，利用艺术融合手段塑造完美人格的教育，通过选编和创编主题艺术活动内容，打通艺术学科壁垒，着眼于艺术水平全面提高，在主题活动中发展学前教育专业学生的思维、想象、审美及创造能力。在艺术课程教学中，专业教师应当具备一定的课程整合、设计及开发能力，这就要求专业教师向复合、融合方向发展，必须具备跨学科研究的意识与能力，并将培养学生形成跨学科通感共识作为一项长期任务渗透于学生学习的各个方面。

《幼儿园教育指导纲要》将幼儿学习的范畴按学习领域的维度划分为五大领域，并同时强调了各领域内容的彼此渗透，其中艺术领域的目标中渗透着综合艺术教育的理念。当代社会对人才综合素质的要求越来越高，幼儿园的渗透式艺术融合教育是学前教育发展的时代要求，也是学前儿童艺术教育发展的必然趋势。高质量艺术融合教育的关键在于高质量的幼儿师资，学前教育专业学生跨学科通识通感能力的培养，是促进学生全面发展的重要方法，也是实现职前幼儿教师综合素质培养目标的关键。"园校合作"是实现彼此共同发展的重要途径，如果联系不够紧密，就无法与用人单位进行双向互动，也无法在人才培养目标上形成一致。幼儿园和职业院校学前教育专业建设依托各自的资源优势，可以共同开展融合课程教学研究工作，通过双向教育资源的整合与分享，实现优势互补、共同发展。

第十六章
职业院校学前教育专业美术融合音乐教学对学生心理健康的影响

第一节 学前教育专业学生存在的主要心理健康问题

黑格尔在《美学》中说："音乐和绘画有较密切的亲属关系，部分的由于在这两门艺术里内心生活的表现都占较大的比重，部分地也由于对材料的处理相类似，我们已经说过，在材料处理方面，绘画可以越境转到音乐的领域。"美术和音乐教育以某种方式对学生的意识和情感起作用，并将成为心理健康教育的重要载体。职业院校学前教育专业美术融合音乐教学是学生心理健康教育的主阵地，通过参与、体验可以提高其心理自我调适能力。学前教育专业学生基本都是女生，男生可谓寥寥无几。研究表明，女生的焦虑和抑郁率高于男生，学前教育专业学生是未来的启蒙教育者，幼儿教师的言谈举止和情感是形成整个幼儿教育环境的重要组成部分，其心理健康不仅关系到自身的成长，还直接或间接地影响着幼儿的心理健康。因而，研究女生的心理现象及心理规律、分析女生心理成因、指导探究矫正的方法和途径显得尤为重要。

一、学生人际沟通的欠缺

学前教育专业学生几乎全都是女生，其内心有强烈的交友需要，但是由于有些女生缺乏人际交往的技巧，缺乏相互理解和沟通，以及过于自我，导致与同学关系并不融洽，容易产生强烈的独孤感。女生之间的人际关系较为复杂独特，当前职业院校学前教育专业女生绝大多数是独生子女，形成了一种以自我为中心的意识，凡事喜欢争强好胜不服输，经常会产生一些摩擦和不愉快的事情。

特别是自我认知方面，主要表现为过于理想化、心胸狭隘、猜疑、过度忍让等。

二、学生的厌学和自卑心理

学前教育专业课程繁多，涉及内容范围较广，兼容文理两科的知识，除此之外，还有绘画、手工、声乐、舞蹈等艺术类课程。一个人的精力毕竟是有限的，很多学生找不到行之有效且适合自己的学习方法，不会合理安排学习时间，不适当的学习方法易使人产生挫折感。许多学生渴望提升专业技能和个人气质，但由于缺乏扎实的基本技能，尽管努力改进，成绩依旧提高不明显。有些学生缺乏学习动机，对学习有所厌倦，这使得她们在学习方面体会到了失败的痛楚，并为自己不够理想的成绩而苦恼，甚至经常用别人的眼光和标准来衡量自己，用别人的长处比自己的短处，没有发掘自身的优势，使之产生了自卑心理。

三、学生的不良情绪与情感

学前教育专业女生因为性别的原因，在生理和心理上都显得较为柔弱、感性。一些女生在月经期会出现精神紧张、抑郁、焦虑或腰腹疼痛等一系列精神和身体症状，医学上称为经期综合症。有些女生产生自我封闭思想，也更容易在心理和行为上对朋友产生强烈依赖感，尤其在情感方面太过敏感，情绪往往受到周围环境的影响，出现心情低落与烦躁。女生的情感世界较男生更为细腻、感性、丰富，她们需要得到他人的赞美和关注，喜欢异性称赞自己，然而身边同学基本都是女生，男女比例失衡，学前教育专业女生的心理需求往往无法得到满足。一些女生容易产生嫉妒心理，表现在不能以健康的心态看待比自己更优秀的人，这种心理导致与他人关系疏远又影响着自己的身心健康。上述情绪通常会随着内在因素和外部环境变化而起伏波动，这些现象可以通过情感疏解或合理宣泄来调整，良好的外部环境不仅能让人感到愉悦，还能帮助学生改善自己的内心情绪。

第二节 美术融合音乐教学调适不良心理，激发学生内驱力

现阶段学前教育专业招生，女生人数仍占主导地位，而女生们的交际往来基本上仅限于女生之间，从而影响其刚性性格一面的发展，学生的心理状态必然受到很大的影响。教师应努力引导以构建学生积极的情绪、积极的认知。具有积极情绪的学生通常会在课堂中呈现出兴奋、活跃等状态。所有的班组在不同的时期都会有一些"共性"的群体心理，因此根据这种"共性"的群体心理，可以适度地设定分阶段的辅导目标，营造和谐融洽的班级氛围，增强团体的凝聚力，更好地造就健康人格。美术融合音乐教学的群体心理辅导是一种以学生活动为重要形式的非教导灌输式的教育形式，它有别于传统的艺术类课程教学，也不同于一般的主题实践活动，美术融合音乐教学的群体心理辅导是一种体验、探究式学习，让学生直接与教学情境相联系，学生在群体"心理场"中互相分享，在心理上达到新的平衡。学生个体的心理发展在很大程度上取决于该群体的价值取向。

一、宣泄法——"霍桑效应"

美国芝加哥郊外西方电器公司的霍桑工厂，是一家制造电话交换机的企业。该工厂具有较完善的娱乐设施和保障，但生产效益很不理想，员工的积极性也不高。美国国家研究委员会组织了心理专家组，花了两年多的时间，与职工对话访谈达两万余人次，真诚而耐心地听取了他们的建议和意见，结果霍桑工厂的产量得到了极大的改善。通过谈话使工人们将所有的不满都发泄出来，工人也感觉自己受到了关注，从而心情舒畅、干劲倍增，心理学家称之为"霍桑效应"。大多数学生在其学习和成长过程中会有各种各样的情绪和动机，最终他们不会完全实现并全部满意。但如果那些未满足的意愿和情绪都能释放出来，那么对学生的身心发展和学习效率提高都是非常有益的。英国心理学家斯宾塞说："没有油画、雕塑、音乐、诗歌以及各种自然美所引起的情感，人生的乐趣便失去了一半，这就会给各种疾病的入侵打开门

户。"自古以来，美术及其教育活动一直是人类提高心理机能和调整心理状态极为有效的手段。教师要善于引导学生，正确发挥艺术作品和艺术语言的心育作用，通过创造性、个性化、多梯度、自主性、开放性美术作业，扩大美术作业的外延，使其成为学生成长的一种自觉需要，并在教师的启发引导下发展和释放自我，通过与音乐融合释放自己的心灵，获得情感上的平衡，在完成艺术作品的过程中，逐渐形成自尊、自信和自我完善的心理素质。美术课堂融合音乐选曲不一定是越多越好，也不是越经典越好，贝多芬、莫扎特创作的音乐虽然经典，却未必能触动学生的心灵并适应学生的心理引起共鸣。因而，选曲要贴近学生生活和审美需求，选择能吸引和感染学生的乐曲。适当选择学生喜欢的流行音乐，投其所好，当学生感受到自身的喜好正在受到教师的关注，就会表现积极，教师对学生的关注越多，学生的学习压力就越能得到缓解，基于"霍桑效应"的心理疗法可以克服焦虑、自卑、怯懦、紧张、忧伤、抑郁等消极情绪。教师在平时的教育教学工作中难免会对那些不容易发现的细节疏忽大意，个别学生与学科教师产生对立情绪是难免的，如能了解读懂学生的真实心理，学生在觉得自己受到教师的关注时，课堂气氛也就活跃了起来，从而提升集体效应并促进学生在集体中实现自我价值。

二、转移转化法——"替换定律"

人的潜意识在同一时间内只能主导一种感觉，积极正面的思想反复地在脑海中出现时，原来的思想就会慢慢地衰竭，新的思想就会占上风，这就是替换定律。美术融合音乐教学通过其艺术教育的特质，让学生不良的心理状态在实施美育过程中受到美的感染与熏陶，从而在心理上构成和谐的基调，调动激发其内心丰富的欲求，促使学生身心健康成长。美术作业需专心致志，具有严格的条理秩序性，音乐作品时空维度上所提供的秩序感和平衡感，同样有利于学生保持最佳的心理状态。学生通过美术作业敞开心扉、放飞心灵，认识、接纳、发展自我，释放内心情感，让身心得到有效的放松。音乐能将视觉中的通感唤起，触发视听感官，"听声类形，以耳为目，耳中见色，眼里闻声"，使得多感觉在大脑中融合。美术融合音乐体验应注重主客体相互交融，根据学生的心理状况、心理发展规律以及教学内容的功能，注入体验学习的多种形式，只有当学生沉湎于教学活动，才有可能运用正面的自我暗示，通过转移转化进行心理重建，其"替换定律"才可能有力量。只有把艺术教育内容转化为开放的、有意味的且充满生命活力的学习活动，才能获得参与综合实践活动的积极体验，给予视觉、听觉和触觉上的刺激。美术融合音乐教学在视听场景下，进行实践创作、情感审美、合作交流等体验，营造出适合学生成长的良好环境与氛围。学生合作学习是拓宽学生情感交流的重要途径，美术融合音乐教学是基于知觉体验、心理体验和思维体验的过程，它是实施美育的主要途径和方法，通过学生内心的领悟，获得健康、积极、乐观的审美情感，培养和发展良好的心理素质，纠正不良心理倾向和表现。

三、自我暗示解脱法——"南风效应"

在教育教学中"南风效应"的实质是激发学生内在需要，为学生创设一种宽松、和谐、愉快、融洽、舒心的学习氛围，以满足学生的心理需要与诉求，"北风"和"南风"都想让行人脱掉外套，由于采取的方法和措施不同，结果却大相径庭。"南风效应"给人们的启发：教书育人要讲究方法。正如首都师范大学常锐伦教授所说："美术学科教育正是通过充满感情的艺术形象，从感性上打动学生，感之以美，动之以情，晓之以理，陶冶学生情操，使学生心灵美好，行为高尚，身心得到协调健康发展。"只有读懂学生，从学生的心理与情感需要出发，生命才会因艺术而润泽，精神也会因艺术而升华。为了使艺术教育有机渗透心理教育，学科的深度融合将成为当代教育的必然。奥地利音乐学家安布罗斯说："音乐是心灵状态下最伟大的绘画。"音乐以其特有的魅力，触动着人的心灵最深处，利用音响的暗示以及控制音乐音量的大小和播放时间的长短，能增强学生的快乐体验。通过美术融合音乐教学使学生内心建立起健康、积极、乐观的审美情感，从而矫正不良心理，这时个体内部心理趋于和谐与平衡，使之身心协调发展。在教学过程中，教师应该根据艺术教学特色，促进学生形成健全的人格和良好的心理素质，渲染出某种气氛、某种情绪、某种心理，当学生内心情感蓄积加深，情绪产生共鸣时，它将演变成一股无穷无尽的力量在心底涌动、升腾。"感人心者莫乎情"，教学过程的实质在于将学科知识的内化与学生个人心境发展成最佳生理、心理状态。现代抽象主义绘画创始人康定斯基探求绘画与音乐艺术的统一性，注重绘画与音乐作品心理过程及状态的内在联系，力求绘画通过音乐般内在而丰富的美感达到心灵间的默契和交流。国内外众多哲学家都研究过美术和音乐教育，他们强调艺术对人身心的影响，提倡对事物和谐把握能力的培养。在现代教育教学模式下，将音乐引入美术教学活动中，应积极探索学科所蕴涵的心理教育因素，发挥美术融合音乐教学的心理健康育人作用，在获得知识和技能技巧的同时，培养学生良好的心理品质。

第三节 学前教育专业美术融合音乐教学对学生心理健康教育的意义

学前教育专业学生是未来的幼儿教师，担负着幼儿的教育与成长，这关系到国家和民族的未来。通过美术融合音乐教学，学生可以表达自己的情感，培养创造力和想象力，提高审美能力，培养自信心和合作精神。这些都是学生心理健康发展中的重要方面，美术融合音乐教学为学生的心理健康发展创造了良好的条件和环境。可以说，学前教育专业的美术融合音乐教学对学生心理健康教育具有重要的意义。

一、学生心理健康水平和心理调适能力得以提高

美术融合音乐教学能使学前教育专业学生通过合理有效的方式满足自身的心理需求，自主地适应及应对由挫折、冲突、压力、焦虑等带来的心理烦恼和困扰，防止心理疾患的产生。美术融合音乐教学有助于消除人际障碍且能构建一种安全和谐的心理环境，可以宣泄压抑已久的负面情绪，使其走出心理困境，并且找到前进的方向。丰富多彩的美术、音乐综合实践活动，多层次、选择性的美术作业和音乐，可以培养学生积极的情感态度，释放缓解心理压力及减轻心理疲劳，得到心灵的净化。

二、唤醒学生对美的体验

审美教育对于培养学生健康心理、良好人格、高尚情操起着春风化雨、润物无声的作用，若是一个人时常发现并体验生活中的美，那么他的心态定是乐观的、积极的；相反，如果一个人很少体验和感受到美，那么他在学习和生活中的消极情绪就比较多。在美术融合音乐教学的过程中，学前教育专业学生是在美的伴随下进行一个自塑的过程，美育可以唤醒学生对美的体验，宣泄压抑已久的颓废情绪。美术融合音乐教学是艺术教育的一种体验方式，这种体验方式包括精神松弛、生活体验、唤醒记忆等。美术融合音乐课堂教学是学前教育学生进行美育的重要

载体,可以让"美"内化为素质,教师应善于利用艺术教育开启学生的心灵,引导学生以美的眼光感受世界,使之在丰富多彩的审美环境中认识美、感受美、享受美。

三、促进教师对艺术教育观念的转变

教师肩负着教书、育人双重使命,需要重视学生的心理问题,做好学生的心理疏导,使学生在融洽的班级氛围中保持一种良好的心境。在美术融合音乐教学中需结合学生生理和心理特点,发掘美术与音乐学科中心理健康教育的积极因素,构建适合学生心理发展的教学活动。在活动中,也要不断地优化教师个人心理品质,促进多元化成长。探索美术融合音乐教学为学前教育专业女生心理健康教育拓展了新途径、新思路。学前教育专业美术教学中,如果花大量的时间和精力追求技能技巧的提升,忽视培养学生的积极人格和健康发展,这与学前教育专业学生艺术教育目的是背道而驰的。因为对学前教育专业学生进行艺术教育的根本目的是培养良好的心智及人格,充分开发他们的潜能。美术与音乐学科之间的联系和交叉呈现出日益频繁的态势,融合与综合是学前教育改革深入发展的一大成果。

美术与音乐都追求思想性和艺术性的完美统一,艺术学科应该肩负起引导和促进学生健康成长的责任。美术融合音乐教学在学生学习实践活动的过程中,应以美术教学为主线,巧妙地将音乐渗透到美术教学中,寻找合理的音乐切入点,用听觉艺术来激发学生的创作激情,促进学生身心健康发展。美术融合音乐教学的主要目的在于培养学生个体健全的人格,学前教育专业女生相当一部分在成长过程中会出现发展性心理问题,其心理活动呈现出复杂和多变性,需要针对学前教育专业女生的成长需求从整体上创造良好的心理健康教育氛围,从而促进学生身心的和谐发展。

第十七章
美术与音乐跨学科教学促进美术教师课程融合能力的提升

第一节　学前教育专业美术与音乐跨学科课程融合的方式

从课程角度来看，美术与音乐学科的融合教学使学前教育专业美术课程视野变得更为广阔，相关的课程结构和设计也具有了重构的积极意义。可以说，跨学科教学符合现代学科发展趋势，跨学科教学对教师角色和专业发展提出了新挑战，以核心素养体系为基础的教学统整体现了课程改革的科学性、创新性和时代性。作为一种新的教学形态，跨学科教学的内容重构需要提升教师课程价值判断、教学创新以及自主建构能力，这样才能使课堂的教与学焕发出新的活力。

一、通过参与具体项目实现学科之间的融合

项目学习法是一种基于项目的学习方式，通过问题导向和跨学科的学习，使学生能够在一个具体的项目中进行自主学习和合作学习。在美术融合音乐课程中，这一方法得到了充分的应用。学生们不再局限于传统的课堂讲授，而是通过参与各种艺术项目，亲自动手实践，从而提高他们的学习效果和创造力。在这样的课程中，学生将被分为不同的小组，每个小组都有一个具体的项目任务。教师也不再是传统意义上的知识传授者，而是学生的指导者和激励者。教师通过提供艺术素材和技术指导，帮助学生理解和运用美术和音乐的知识，同时，定期组织项目展示和评估活动，为学生提供反馈和指导。这样的角色转变不仅能够激发学生的学习兴趣，同时也能够培养学生的自主学习能力和创新

能力。

美术融合音乐课程的项目学习法是一种有效的教育方式。首先，它注重学科的融合。美术和音乐作为两个艺术学科，本身就有很强的相互关联性。美术融合音乐课程通过项目设计，将两门学科进行有机结合。其次，它强调实践和体验。通过项目学习，学生能够亲自参与到艺术创作的过程中，亲身体验到艺术的魅力。在实践中，学生不仅能够提高技能，还能够培养审美能力和创造力。最后，它倡导合作和交流。美术融合音乐课程鼓励学生之间的合作与交流，通过团队合作，学生能够共同完成艺术项目，并从中学会倾听他人的意见和尊重不同的观点。

二、通过模拟真实情境实现学科之间的融合

情境教学法是通过创造一种情境，将学生置身于一个具体的场景中去，使他们能够更加深入地了解和体验艺术的魅力。通过情境构建、情境体验和情境应用三个阶段的有机结合，能够让学生更加深入地了解和体验艺术的魅力，培养他们的审美能力和创造力。模拟真实情境就是将学科中的知识与现实生活中的情境相结合。通过这种方式，学生可以在一个真实的环境中进行学习，这不仅能够加深对知识的理解，还能够培养实践能力

和解决问题的能力。例如，学生进入一个虚拟的艺术空间中，通过虚拟现实技术，他们可以身临其境地感受到不同的艺术风格和氛围。在观摩学习文艺复兴时期的美术作品时，学生可以穿越时空，仿佛置身于法国卢浮宫博物馆，欣赏达·芬奇的《蒙娜丽莎》和阿历山德罗斯的《米洛斯的维纳斯》（又称《断臂的维纳斯》）；当欣赏巴洛克时期的音乐作品时，他们仿佛置身于维也纳金色大厅，聆听巴赫的《平均律钢琴曲集》和亨德尔的《皇家焰火音乐》。在情境教学法的具体实施中，教师应该注重学生的个体差异，根据学生的兴趣和能力水平来设计和调整情境教学活动，可以组织学生进行小组讨论、合作创作和展示，让学生在互相交流和合作中相互促进、共同提高。

三、通过开展合作学习实现学科之间的融合

在合作学习的过程中，教师应该起到引导者和促进者的角色，可以通过提供学习资源和指导学生的学习进程来帮助学生充分发挥自己的潜能。此外，在合作学习过程中，教师还应该注重学生的反思和总结。学生可以在小组讨论和合作创作结束后，进行自我评价和互评，分享自己的学习心得和体会。开展合作学习可以通过组织学生进行小组讨

论和分享，来促进他们对艺术作品的理解和鉴赏。每个小组可以选择一幅或多幅艺术作品，然后通过共同讨论和交流，深入理解作品的内涵和艺术价值。学生可以共同探讨如何通过色彩、线条等美术元素来表达音乐的节奏和情感，又如何通过和声、旋律等音乐要素来丰富美术作品的内涵。在这个过程中，通过跨学科的合作，学生能够从不同的角度来理解和欣赏艺术作品，他们可以互相启发，提出不同的见解和理解，从而拓宽自己的艺术视野。还可以通过组织学生进行合作创作，来培养学生的创造力和想象力。每个小组可以选择一个主题或者一个故事情节，通过创造性的思考和表达，共同完成一个作品。在这个过程中，学生们将接受美术与音乐融合教学，他们之间需要相互协作，互相倾听和尊重对方的意见，通过观察、聆听、感受，以及创造、表达、演奏等多种形式的实践活动，培养学生的艺术修养。这种全面的艺术教育方法不仅有助于培养学生的审美能力，还能够提高他们的创造力和想象力。

四、通过启发创新思维实现学科之间的融合

启发式教学法，旨在培养学生的独立思考能力和解决问题的能力。它摒弃了传统的讲授式教学，通过引导学生去发现问题、解决问题，激发学生的学习兴趣，使他们在自主学习的过程中真正理解和掌握知识。在美术融合音乐教学过程中，教师可以通过展示一些具有代表性的美术作品和音乐作品来引起学生的兴趣，并让学生自由地欣赏和感受。教师可以提出一些启发性的问题，例如："你能从这幅画中感受到什么样的情感？""这首音乐给你带来了怎样的联想？"通过这样的提问，教师可以引导学生去思考作品背后的意义和艺术家的创作意图，从而培养学生的观察能力和艺术鉴赏能力。随后，教师可以组织学生进行一些创作活动，让他们根据自己的感受和理解去创作美术作品。教师还可以在评价方式上运用启发式教学法，激发学生的创新思维。启发式教学法注重过程的探索和发现。在美术与音乐融合课程中，教师可以从学生的创作过程、思考过程和表达方式等多个方面进行评价，鼓励学生去创新和尝试。

启发式教学法以培养学生的创新思维为出发点，通过激发学生的好奇心和求知欲，引导他们主动思考和解决问题。在学科融合课程中，运用启发式教学法可以帮助学生从不同学科的角度去认识和理解问题，培养他们的综合思维和创新能力。在启发式教学法的运用中，教师扮演着重要的角色。教师是学生学习的引领者和指导者，他们要善于激发学生的思维，引导学生自主探究。启发式

教学通过提出开放性问题，激发学生的思考，引导学生探索知识的边界。

五、通过引入典型案例实现学科之间的融合

案例教学法是融合课程中非常重要的一种教学策略。为了有效实施美术融合音乐课程，教师应该在设计课程时注重选取具有丰富内涵和多样形式的案例。在引入典型案例方面，可以选择一些具有代表性的艺术作品或者艺术家，将其作为教学的案例来进行详细解析，并通过剖析这些作品的艺术表现形式和创作理念，让学生深入了解美术与音乐之间的内在联系。还可以选取一些具有代表性的艺术活动或者现象，将其作为教学的案例来进行研究。通过引入这些典型案例，学生能够更加直观地感受到美术与音乐融合的艺术魅力。同时，学生还可以通过分析和讨论这些作品，深入理解美术与音乐融合的艺术原理和技巧。通过这种跨学科的学习方式，不仅能够培养学生出色的艺术创造力，还能够提高他们的观察力、思考力和表达力。在引入典型案例的过程中，应该注重跨学科的教学目标。美术与音乐融合课程不仅仅是为了培养学生对艺术的兴趣和理解，更重要的是培养学生的综合能力。因此，在引入典型案例时，应该注重选取那些具有代表性和影响力的作品，既能让学生欣赏和感受到艺术的力量，又能激发他们的思考和创作。

美术与音乐融合教学通过引入典型案例可以实现两个不同学科之间的融合。通过深入研究两者之间的关联性和共同之处，学生能够更好地理解和掌握美术与音乐的核心要素，并在实际创作中进行灵活运用。这样的教学模式不仅培养了学生的艺术修养和审美能力，也为推动艺术教育的发展提供了新的思路和方法。

第二节 美术与音乐跨学科教学视阈下的美术教师角色

教师的课程融合能力是具有明显专业倾向的能力，是教师从事教学、科研和专业实践活动所具备的素质。教师课程能力的提高和转型是一个非常紧迫和重要的课题，随着教学改革

的进行，教师课程融合能力问题越来越引起人们的关切，特别是在校本课程建设中，教师的课程能力显得尤为重要。美术与音乐跨学科课程融合是学前教育专业美术教师课程能力的诉求，课程融合赋予了美术教师真正的课程建设主角身份，教师不仅是课程的实施者，也是课程的直接建构者和参与者，融合课程能够实现教师角色和职能的转变。

一、教师是课程资源的开发者

课程意识是教师的基本专业意识，随着课程改革的深化，教师要努力实现课程的个性化、综合化，其课程能力必须转型。学校应该从校本角度引导教师，从课程开发、设计、组织、实施、评价等方面，深入系统地研究与开发学前教育专业美术、音乐跨学科课程。组织实施跨学科课程需要思考与实践，这就在无形中提升了教师的综合课程能力，多样性的课程便随之形成，也优化了教师的课程能力结构。高素质的美术教师不仅要会"教"书，更要会"编"书。课程改革使课程不再是预设和静态的，而是动态可调整的，给予了教师和学生开发课程资源的权利，美术教师要利用教学经验和课堂教学情境去融合课程，致力于成为美术、音乐跨学科课程的开发者和设计者。

二、教师是课程融合的建设者

长期以来，学前教育专业美术课程体系呈现单一学科纵深发展的特点，使学生的综合素质相对薄弱。美术教师必须转变过去学科本位观念，不能把自身局限在学科壁垒中，不去涉猎相关学科的知识。从教师发展的角度看，要完善知识结构，拓宽教学领域，朝着复合型人才的方向发展。教师是课程建设的主力军，美术教师应具有学科融合能力，其专业成长需要具备课程建设能力。课程建设是教师应具备的一项很重要的实践能力，是教师生涯发展和职业成长的根本要求，也是教师的责任和义务。

三、教师是课程融合的研究者

大多数教师习惯于在他们所教学科里进行教学研究，但课程改革的深入则要求教师能跳出所教学科去研究实践，以促进教师自身的专业发展。学前教育专业美术、音乐学科具有很强的实践性，教师在跨学科课程融合时可以对教材中的内容进行调整，通过主题活动的形式激发学生的学习兴趣。教师通过收集各种视听资源、利用可视可听化方法，对学生的综合思维能力进行培养。在资源收集中需要注意资源的综合性、典型性，并构建相应的资源库，将抽象的现象、内容更直接地展示给学生，从而有效实现课程的视听融合。

第三节 美术与音乐跨学科教学提升美术教师课程融合能力

融合教育能否真正促进学生个体的发展，在很大程度上取决于教师实施融合教育的专业水平与课堂教学能力。学前教育专业美术与音乐跨学科教学需通过整合资源、增设融合教育内容、优化实践活动、开展第二课堂教学活动等，来提高融合教育实效。这其中也可见融合教育对教师专业能力提出了新的要求。

一、通过跨学科教学资源的开发与利用，提高课程融合开发能力

在学前教育专业美术教学中有机地借用音乐学科的教学资源，为美术课堂教学的提升创造条件，将提高美术教育教学质量。随着信息技术的发展，对美术与音乐课程融合在资源材料上提供了有力的支持，通过构筑艺术学科资源共享空间和艺术综合教学平台，使艺术类单一学科向一种综合的、联通的学科体系形态转化，相关教师可以在空间和平台内及时获得所需资源和信息。作为学前教育专业美术教师，应具有强烈的资源开发和利用意识，运用音乐学科资源及学科教学活动成果与美术教学活动进行有机融合与补充，以新的理念选取适宜的音乐学科内容，不断探索和挖掘学科的潜力，使学科资源灵活地为同一个目标服务，这样的融合有利于学生素养的全面提升，也可极大地提高美术教师的课程融合开发能力。

二、通过跨学科集体备课与课例研讨，促进课程融合创新能力

学前教育专业美术与音乐跨学科集体备课能推动教师的思考与成长，实现学科间教学方法的优势互补和资源的整合，为美术教师在教学上提供新的视角。美术与音乐跨学科集体备课要有明确的主题意识，要把重点放在有价值、有高度、有挑战性的课程融合教学问题上来。跨学科集体备课必须自始至终保持开放的态势，要有重点地去解决课程融合中的一些问题。跨学科集体备课需要锁定学前教育专业美术与音乐学科综合的"结合点"，构建双学科教学的"知识链"，形成

立足于美术学科、服务于学生全面发展的学科融合策略。在跨学科的备课中，建立双科认同的"切入点"，实现有效的同步关联。通过"双师同堂""同课异构"等这些新颖的课例，在观察、分析、比较中研讨，相互取长补短，来实现提高教学有效性的目的，进一步提升美术教师的课程融合能力。研讨的过程由美术、音乐教师参与，打破学科界限，加强双学科教师之间的互动合作，通过学习与实践，总结经验、提升理论、探索规律，使跨学科课例研讨活动真正成为美术教师学习、反思、实践的助推器。

三、通过自身的教学经验和跨学科反思，增强课程融合反思能力

教师通过对跨学科课堂教学的反思，发现教学问题后改善课堂教学，这种方式是教师专业成长的催化剂，教师不能仅仅满足于对经验的积累，还需要在实践中对跨学科相关问题进行系统、理性的整理和反思，这样才能将跨学科经验进一步内化为教师个人的实践性知识，更好地指导今后的跨学科教育教学工作。教师的课程融合能力主要是在教学实践中形成的，跨学科课堂教学需要寻求学科间的内在规律，通过教学反思提高自己的课程融合能力。教学反思有利于教师更好地将知识吸收、内化和升华，锻炼思维能力，充实生命内涵，要使其真正生效必须将其外化。学前教育专业美术与音乐跨学科教学如果没有反思，容易在学科融合的教学活动中误入歧途，往往是综而不合。美术教师应将美术学科作为核心及主线，音乐学科作为有益的补充和拓展，通过由点及面的推进，着力实现美术与音乐学科的有效融合。

四、通过幼儿园实践观摩，提升课程融合实践能力

《幼儿园教育指导纲要》提出："幼儿园教育活动内容的组织应充分考虑幼儿的学习特点和认识规律，各领域的内容要有机结合，相互渗透，注重综合性、趣味性、活动性。"这反映了幼儿园课程融合的导向。学前教育专业应渗透融合教育理念，幼儿园实践观摩是提升美术教师课程融合能力的重要途径，是专业教师整合提升的重要一环。学前教育专业艺术类教师要放下"身段"，切切实实将"校"与"园"融合，优化自己的知识结构，积极参与幼儿园教学项目研发，或者与相关幼儿园联手进行横向课题的研究，同时也在这个过程中锻炼提高自己。幼儿园学科分类囊括在相对较大的"领域"内，其艺术学科领域课程大都按学科之间的内在联系来组织教学活动，使幼儿能够获得相对完整的、相互联系的经验和知识，在这个过程中要考虑

其活动内容之间的必然联系。幼儿园美术与音乐融合教育的成效在很大程度上取决于幼儿教师融合教育的知识和能力水平，其课程融合能力需要在职前培养阶段习得。职业院校学前教育专业需要培养具有渗透融合教育理念的幼儿园教师，作为学前教育专业美术教师，要积极开展渗透融合教育理念的艺术课程教学活动，开展美术与音乐跨学科教学，帮助学前教育专业的学生在职前具备一定的融合教育理念，通过美术与音乐融合教育的环境创设进一步提升学生融合教育的专业素养。

第四节 跨学科课程融合应避免的三个错误倾向

跨学科课程是跨越学科界限的融合性课程，要求学生学会综合运用相关知识来解决问题，帮助学生建立更完善的知识体系。作为学前教育专业美术教师，要自觉树立终身学习观念，通过跨学科学习不断地更新和完善知识结构。学校也要为教师的跨学科研究与学习提供运行保障，积极开拓学前教育专业美术与音乐跨学科主题课程，促进美术与音乐学科之间的交叉、渗透和融合，从而更好地实现学前教育专业的培养目标。跨学科课程的融合能够帮助学生培养综合能力，提高他们解决问题的能力。然而，在跨学科课程融合的过程中，也需要警惕一些错误倾向的出现，以免影响到学生的学习效果。在设计跨学科课程时，不能只是简单地将各学科的知识堆砌在一起，而应该注重学科之间的内在联系和互相渗透。只有通过深入挖掘学科之间的共性和相互关联，才能真正实现跨学科课程的融合，培养学生的综合素质。只有在充分认识到这些错误的基础上，才能更好地推动跨学科课程的融合发展。跨学科课程融合是一项具有挑战性的教育实践，在实施过程中，必须警惕过度强调形式而忽视实质的问题。

一、融合不是合并

学前教育专业美术、音乐跨学科课程融合应该从宏观上、整体上把握，强调美术、音乐内在知识的关联性，不能割裂知识之间的联系，美术、音乐课程内容进行融合不是简单地整合、合并，必须考虑其合理性、科学性和规律性。合并式的简单"整合"不利于学生的学习，教师要从教书匠向课程融合的塑造者转换。学前教育专业美术课程是一门具有人文性质的课程，决定了美术教师应具有更全面的知识和专业素养，以便对学生产生精神上的陶染和共鸣，通过课程的有效融合和知识辐射，才更契合学生的认知心理和规律。美术、音乐跨学科融合的过程，应当避免美术学科被音乐学科融而化之，课堂中还是要注重美术专业知识与技能教学，跨学科教学不能用喧宾夺主的方式。

二、课程不等同于教材

课程建设赢在顶层设计，是教学目标、内容、方法、评价的总和。目前我国的课程已构成了国家、地方、校本三级课程，必修与选修课程、单一与综合课程、理论与实践课程多元并存，和谐发展的课程体系。只有增强课程的选择性，才能让"以学生发展为本"的教育理念真正落地，才能根本改变教育和学习的单一模式，拓宽学生能力发展空间。解决教材与学生之间的矛盾是课程教学的重要任务之一，教材是课程教学的方向和基础，也是学生达成学习目标的工具。包含传达、承载课程内容的文本和非文本材料，其内容质量直接影响学习效果。学前教育专业美术与音乐学科教学的融合，教师不光是课程计划执行者，也可以成为课程的开发和研究者。教师可以对教材内容进行加工和个性化处理，并在实际教学过程中动态生成教学内容。从教材内容到教授内容，教师可以自发地进行"二次开发"，教学内容也包含活动、方法、观念、实践操作等。课程内容是某一学科统一的标准或要求，而教学内容则是具体的，能让教师拥有很大的创造空间，反映出一定的差异性。教师应能创造性地开展教学和使用教材，在理解和掌握课程标准的基础上，超越"照本宣科"，以便生成丰富多样的教学内容。

三、不能为了融合而融合

学科始终是以一定的综合知识为基础的，课程融合不是为了融合而融合，而是指向学生综合素质的培养和充分发展。课程融合以学生的兴趣和需求为核心，根据学习者经验来进行融合，要求对传统学科课程进行改进与拓展。但一些教师对待课程融合只是简单地、生硬地将各学科知识进行拼合，这种方式如果不及时得以改进，就会失去其融合的意义。学前教育专业美术、音乐跨学科课程融合要求美术教师在认识学科融合理念的前提下进行教学，以利于融合形成一个完整的教学整体，而不是单纯的学科之间的生拼硬凑。其融合应当在美术学科的框架下，合理融合音乐学科内容，致力于学生审美能力、感知能力和创造能力的提升。

第十八章
职业院校学前教育专业美术融合音乐课程评价研究

第一节 学前教育专业美术融合音乐课程评价的三个体现

学前教育是学校教育和终身教育的基础，幼儿教师的素质与学前教育专业的质量密切相关。当前职业院校学前教育专业在人才培养上存在着单一、被动的问题，对学前教育专业学生艺术综合素养和艺术综合实践能力的培养缺乏有效性，其中特别突出的是学前教育专业美术课程往往注重技能的训练，使得学前教育专业学生缺乏对幼儿美术教育的了解，其专业美术教师虽大都接受美术院校专业的美术教育，但也缺乏幼儿美术教育的教学技能。随着近年来职业院校和幼儿园课程改革的不断深入，职业院校学前教育专业美术课程逐渐注重学科横向关联的分析，而且很多院校也借助学科之间的关联性、综合性开展课堂教学。特别是美术融合音乐课程通过艺术学科间的相互融合、相互促进，逐步达到对艺术学科知识融会贯通的效果，使美术融合音乐教学的作用进一步扩大。然而，美术融合音乐课程建设需要一个自我完善的过程，也需要创新教学评估机制，融合课程实施的效果最终要通过课程评价进行检验，学前教育专业美术融合音乐课程评价体系构建要以促进学生素质全面发展为根本目的，同时兼顾教师能力的发展，促使课程结构不断优化。

一、需要体现创新性

课程创新是学校教育永恒的主题，没有

创新就不能发展，创新也是深化职业教育改革和发展的需要，而学科融合是促进学生创新思维发展的重要方式和途径。学前教育专业学生综合素质重在考察和培养学生的创新能力，创新能力包括创造力和开拓进取精神，主要体现出强劲的职业核心能力、创造性思维和学习能力。学前教育专业美术融合音乐课程评价的目的就在于发展与创新，在这个新的教育理念促进下，应充分发挥课程评价在学前教育专业美术融合音乐课程教育教学中的功能。课程评价能促进学前教育学科专业的动态建设，通过建立课程评价的指标和内容，对美术融合音乐课程进行诊断与分析，思考课程创新"新"的需要及创新学前教育专业课程体系，从而真正发挥课程的育人功能。

二、需要体现可持续发展

"为了每一位学生的发展"是融合课程的核心理念，课程要着眼于学生的发展。学前教育专业美术融合音乐课程评价应当用发展的眼光对学生的学习需求、认知规律与学习兴趣做全面的分析，对其未来的发展态势进行判断。融合课程评价的意义在于促进学生、教师、课程的发展与完善，其关键点不应只重视显性的效应，而是要挖掘其隐性的功能，立足于学生未来的发展，对学生的发展作动态的促进和引导。只有适合学生发展的课程，才是真正关注生命成长的课程，因而在构建评价指标体系时不仅要关心学生的现实情况，更要重视学生未来的发展，美术融合音乐课程应以学生发展核心素养框架体系为参照，将学生核心素养的发展作为课程设计的顶层理念，其出发点和归宿就是学生的需要。只有适应当代及未来生活的课程内容，才能实现学生终身可持续的发展。

三、需要体现以人为本

学前教育专业美术融合音乐课程评价的终极目标是促进学生个体的发展，而促进学生个体发展的理念要求教育者以人为本，以学生的视角思考问题，让课程回归学生本位。美术融合音乐课程重点应放在课程内容与结构的优化整合上，注重课程之间的综合与联系，侧重育人功能和综合素养的培养，以课程评价为抓手，带动和促进融合课程整体育人，同时通过评价来调节教师的教育教学行为，完善和提高教师的综合素养，从而真正意义上尊重学生发展规律，以满足学生成长需要。当前学前教育专业艺术课程设置以分科课程为主，艺术课程整体育人功能弱化，融合教育能够帮助学生将单一学科的思维障碍打破，通过综合考虑将问题进行有效解决。美术融合音乐课程正是将其相关联的、交叉的内容进行有效整合，由学科课程向统整课程跨越，同时课程评价内容的侧重点也转变为对学生综合素养发展状况的关注和考核。

第二节 学前教育专业美术融合音乐课程评价的四个是否

美术融合音乐课程要紧紧围绕学前教育专业人才综合职业能力培养目标，结合专业特点和优势，以能力培养为本位设置课程体系和课程内容。其课程评价是对美术融合音乐课程客观、合理、科学地进行评价，课程评价具有对课程甄别、诊断、调节、导向和促进的作用，因而美术融合音乐课程开发需要引入与之相匹配的评价体系。评价体系构建要以促成学生素质全面发展为基本目标，同时兼顾教师的终身发展，促进课程结构的持续优化。

课程融合的一个重要目标就是要优化课程结构和课程体系，充分发挥课程的育人功能和作用，使之达到最佳教学效果。美术融合音乐课程要围绕学前教育专业人才培养目标，结合专业特点，以能力为本位设置课程和教学内容。职业院校学前教育专业美术与音乐融合课程评价体系构建，能客观反映学生成长发展状况，有助于客观、有效地反映学生的职业素养。因而课程评价对职业院校学前教育专业发展和幼儿园教育质量的提升都会产生影响。

一、跨学科教学目标的确定是否有可融性

学前教育专业美术融合音乐课程需要围绕人才培养目标要求，对学生综合素养养成起到促进作用，也需要对教学资源进行筛选，选取合适的教学内容，这就需要对融合与利用课程资源的目的进行分析，确定教学目标。因而在构建学前教育专业美术融合音乐课程评价指标体系时，要充分考虑其可融性和可操作性，同时还要落实到具体的评价实践活动中。美术与音乐课程的可融性需要通过学科间的渗透和横向知识的分析，通过补充型融合和创造型融合，促发知识之间有意义的关联，从而推进学科间的知识整合。

二、教学任务的设计是否达成跨学科培养目标

学前教育专业美术融合音乐课程评价需要对教学质量达到人才培养目标程度进行价值判断，评价包含了教学任务的设计是否有利于提高课程教学的质量并实现课程教学的目标，预设的知识点是否具有准确性、完整性，是否具有实践的可能和推广的意义。学前教育专业课程标准应当与幼儿教师职业岗位标准实现对接，在培养人才的时候，其跨学科培养目标需要同幼儿教育机构接轨。美术融合音乐课程是学前教育专业接轨幼儿教育机构的一种方式，应当以培养学生的综合职业能力为目标，把融合课程的新技术、新知识纳入课堂教学中，让学生在学校能够学到与幼儿教育机构接轨的知识和技能，强化其综合能力的培养，从而让学前教育专业毕业生能够适应幼儿教育岗位。学前教育专业人才培养目标的定位和课程设置是否合理，直接关系到幼儿教师的素质和幼儿教育的质量。对幼儿进行艺术教育，最重要的意义是引导幼儿了解文化、认识情感，塑造幼儿具有完美人格。因此，在学前教育专业美术融合音乐课程中，应着力培养艺术知识、审美能力以及创新意识兼具的学生。

三、教学活动的创设是否有利于学生知识能力的建构

学前教育专业美术融合音乐课程评价还应体现在学生对融合后的课程学习效果的评价，重点评价课程是否符合学生的认知水平，融合主题内容是否体现先进性、综合性和多样性，以及学生对知识点的理解和涉及的知识是否容易获得，即美术与音乐跨学科融合课程学习是否强化拓展了所涉及学科的知识建构，是否有利于体现学生的主体作用且激发学生的学习兴趣，使学生获取更多的知识，取得更好的学习效果和应用价值。对于教师而言，美术融合音乐课程对其综合素质、专业能力提出了更高的要求。由于融合课程需要顾及学生的学习需求和资源支持，教师应结合素材和情境，在课程实施过程中找到美术与音乐学科之间的联系性和切入点，在学科融合的联结处选择或设计富有探索性的问题，使学生能够探索研究和思维参与，从而有效地建构知识、发展能力，促进学生艺术素养的提高。对于美术与音乐课程融合，知识迁移是一种重要的融合方式，它贯穿于跨学科融合过程，可以让学生学会利用学科知识点之间的联系来探究新知识。这实质上是主动形成和发展认知结构的过程，也是能力

形成发展的过程，能够使学生的自主学习能力得到明显提升，从而有效提高学生的学习效率。

四、课程教学内容是否提高了学生的职业能力

学前教育专业美术融合音乐课程教学评价要遵循职业教育和职业能力要求，突出学前教育专业特色，其评价体系需要关注融合课程是否有利于提高学生的职业能力和职业素养，是否有利于提升学生的知识应用能力和就业竞争力，从而更好地满足社会和用人单位的要求。学前教育专业美术融合音乐课程根据专业岗位职业能力和人才需求开发，其职业能力标准就是融合课程的教学质量标准。在构建课程评价体系时，要充分考虑课程内容是否与学前教育专业职业岗位实际工作所需的知识、能力、素质要求相匹配，是否符合学前教育专业发展的规律。美术融合音乐课程需要体现"职业能力和综合素质"为中心的指导思想，培养面向幼儿教育一线的"一专多能"的复合应用型人才。因而美术与音乐课程融合需注重学科和职业能力的紧密联系，强调以学习者经验和社会需求为导向进行课程融合。

当前，课程融合和综合化是学前教育专业课程建设和发展的一种趋势，反映了综合化方向发展对课程的要求，也反映了学前教育专业人才综合素质培养的要求。课程评价能够对融合课程进行反馈和调节，也能对课程起到反思、导向和研究作用。学前教育专业美术融合音乐课程评价应突出学前教育专业的"职业性"和"应用性"，其课程评价重点在于学前教育专业和课程设置是否具有幼儿教育的岗位指向性，毕业生的知识、能力、素质结构是否符合幼儿教育机构的需求。

第十九章
让音乐在职业院校学前教育专业美术课堂教学中发挥实效

第一节 音乐弥合美术学科和美育的割裂

美术教育活动在提升审美意识、培养形象思维、推进文化传承以及养成创新习惯等方面意义重大。职业院校学前教育专业的艺术教学实践活动存在学科间的孤立现象，然而美术和音乐本源相似相通，可以互相作用、互相促进。美术学科具有很强的学科属性，这也直接导致与其他艺术学科产生"割裂"状态，这对于学生形象思维、创新能力乃至全面发展都是极为不利的。所以，在开展美术教学活动时需要打破学科间的泾渭分明，倡导学生深化自身的艺术修养，实现教育的全面性。因此，美术教学需要在现实的社会需求下加强课堂的创新，充分发挥音乐学科的特点，实现美术教学的音画多元。创新已成为美术学科核心素养之一，职业院校学前教育专业美术教学如果过于强调学科本位，由此会加剧学科分化，把学生限制在一个狭窄知识领域，难以让学生全面发展。培养创新能力是对知识、能力、态度等几个维度的统整，美术与音乐学科融合有助于培养学生的跨学科思维和综合能力，帮助学生养成面对将来社会挑战所必须具有的核心素养。

音乐学科的特点要求学习的个体具有形象感知能力、想象思维能力、理解表现能力和创新能力。学前教育专业音乐学科和其他各艺术门类紧密关联，譬如美术、舞蹈、文学、诗歌等。学前教育专业美术和音乐之间各类构成要素均起到重要的纽带作用及连结效果。如色彩成为视觉艺术中的具象元素，而在听觉艺术中色彩可以和心理活动产生抽象关联，这充分借鉴了色彩要素在美术领域中的情感属性。特别是源自于音乐艺术的节奏要素，在美术创作中同样适用。以绘画为例，音乐节奏的相似表达为层次、明暗的变化，透视中"近实远虚""近大远小"以及线条的曲直在绘画中都能产生视觉层面上的节奏感。

一、声色并茂——点亮美育之光

声音与色彩在人类的感官体验中发挥着重要的作用。就像音乐能够触动人们的心灵，色彩也能够引发人们的情感共鸣。当两者相互结合时，音乐和色彩的共鸣效应更加强烈。通过音乐来表达色彩的情感，或者用色彩来表达音乐的情感，都能够让人们深刻地感受到艺术之美。声音的要素有音高、音强、音长、音色，由发音体振动的快慢、振动的幅度、振动持续时间的长短和泛音等决定。从色彩的角度而言，色彩具有色相、纯度、明度、冷暖四个要素，通过各种不同的组合和变化，创造出多姿多彩的视觉效果。音高，是指各种音调高低不同的声音，不同的音高给人不同的感受，音高的联觉体现出情绪的联觉效果。音强，是指声音的大小，它可以让我们感受到音乐的力量和能量。音长，是指声音的长短，它可以让我们感受到音乐的节奏和流动。音色，反映了每个物体发出声音特有的品质，不同的乐器和演奏方式会呈现出不同的音色，它可以让我们感受到音乐的质感和细腻。从色彩的角度而言，色相是色彩的首要特征，它决定了色彩的种类。纯度是指色彩的饱和度，它决定了色彩的鲜艳程度。明度是指色彩的亮度，它决定了色彩的明暗程度。冷暖是指色彩的温度，冷色调给人一种清凉、沉静的感觉，而暖色调则给人一种温暖、充满活力的感觉。美术融合音乐教学，正是将声音与色彩的要素巧妙地结合起来，创造出一种全新的艺术体验。通过绘画与音乐的相互映衬，学生可以在欣赏和创作中，感受到色彩与声音的奇妙交融，培养自己的审美能力和创造力。教师可以通过选择合适的绘画主题和音乐作品，引导学生用声音的要素来表达色彩的要素，用色彩的要素来诠释音乐的要素。例如，在教学中可以选用一首以高音调、强烈音强为特点的音乐作品，让学生用明亮、纯净的色彩来绘画，以表达音乐所传达的活力和激情。又如，在教学中可以选用一首以低音调、柔和音强为特点的音乐作品，让学生用低明度、冷色调的色彩来绘画，以表达音乐所传达的深沉和思考。通过这样的教学方式，学生不仅可以在视觉和听觉上得到双重的享受，还可以培养自己对于声音和色彩的敏感度和理解力。学生可以通过创作和欣赏，逐渐掌握和运用声音和色彩的要素,从而提升自己的艺术表达能力和审美水平。

二、视听联觉——开启美育之旅

美术融合音乐教学以视听联觉的方式,为学生开启了一段奇幻的美育之旅。美术与音乐的融合,不仅丰富了学生的艺术体验,还培养了他们的多元智能和创造力。在美术融合音乐教学中,美术作品可以通过形状、线条、色彩等视觉元素传递信息和表达情感,而音乐则通过声音的高低、节奏的快慢、音调的明暗、和声的轻重、配器的音色等音频元素来传递情感和表达意境。将这两种表达方式相结合,不仅可以丰富美术教育的内涵,还可以激发学生的创造力和想象力,培养学生多元智能的发展。在美术融合音乐教学中,视听联觉是重要的教学手段。通过视觉和听觉的双重刺激,学生可以更直观地感受到美术作品所要表达的意境和情感。比如,在教学中播放一首动听的音乐,让学生闭上双眼,用心倾听音乐的旋律和节奏,然后再观察一幅与音乐相对应的美术作品。这样一来,学生可以通过视觉和听觉的联觉体验,更加深入地理解和感受到作品所要表达的内容。同时,学生也可以通过绘画的方式将音乐所表达的情感转化为视觉形式,将自己的情感与音乐相融合,创作出独具个性的艺术作品。在美术融合音乐教学中,教师需要巧妙地选择美术作品与音乐作品进行结合。音乐的节奏、旋律和情感与美术作品的构图、色彩和线条都会相互影响,产生一种独特的艺术效果。视觉与听觉这两个感知方式互相交织、相互影响,使得学生在感知美术作品的同时,也能够听到与之相匹配的美妙音乐。这种独特的教学方式不仅能够提升学习者的审美能力,而且能够激发他们的创造力和想象力。

三、时空共融——铺设美育之桥

通感成为审美群体在进行审美活动时产生联想与想象的前提,基于此可以搭建学前教育专业美术和音乐的心理桥梁。音乐要素引入学前教育专业美术教学,实现视听觉艺术的相互促进,将促使静止的空间艺术具有灵动的时间流淌感,在实践中帮助学生实现自我提升。时空共融强调知识的动态性,注重学生积极主动的学习态度和良好的教育环境,在连通艺术学科和激起学生创新思维过程中,实现生态化美术教学体系。音乐是听觉艺术、时间艺术和抽象艺术的综合体,借助音乐能够激起学生大脑中无穷的形象画面,学前教育专业学生在基于音乐艺术陶冶下的美术教学环境中进行学习,其美术创作显得千差万别且极具个性,因而不同生命个体感知的音乐体验是存在差异的。例如，在"色彩的魅力"这节课中，认识色彩冷暖的环节可以引入音乐元素，通过听音分析色感。学前教育专业的音乐课有大调、小调的内容，学生能体会大调乐曲大都是明朗、舒展的，而小调乐曲则大多是细腻、忧郁的。另外音阶的构成与色阶有一定的内在联系，通过聆听音乐再讲授色调，并进行对比，引导学生感受、想象，使其对色彩的体会更加敏感丰富。在"抽象艺术"一课中，教师引导学生鉴赏康定斯基的画作《作曲》时，可选择音乐中打击乐的律动与画作中的跳跃式小色块产生点的呼应，也可借助小提琴的悠长旋律与画面中的长线条形成呼应。康定斯基认为："形与色本身组成足够表达情感的语言因素，正如音乐的声音直接影响灵魂一样。"

四、音画结合——绽放美育之花

领悟美术作品过程中，教师可以借助音乐艺术引导学生展开联想，通过乐器的音色变化与不同的旋律构建视觉形象。对美的体验并非只是借助于视知觉，而是人的各种感受共同作用的结果。音乐欣赏可以激发"顿悟思维"，可以给欣赏者带来顿悟，选择听音乐的方法导入新课，先声夺人，可以充分调动学生的学习兴趣。美国美术教育家罗恩菲德说："在艺术教学中，艺术只是达到目标的方法，而不是一个目标。艺术教育的目标是使人在创造过程中变得更富有想象力，而不管这种想象力将施用于何处。"一些院校开展学前教育专业美术教学活动由于师资水平、教学资源的开发等种种制约，忽视了学生自身个性的需要，大部分教师依据教学大纲把教学内容教授给学生，但很多教师却不能够营造充满创新性和趣味性的课堂，对于美术欣赏，学生缺乏持久的欣赏欲望与积极活跃的欣赏行为。因此，高效的美术课堂教学，要在静中有"动"，要在内心达成艺术的共鸣。这种"动"是学生借助于感知通道对美术作品进行多层面与多角度的分析。美术和音乐进行融合是一种动态的体验教学，通过学生体验引导学生积极感知与探索，从而收获真正的审美愉悦。这样的美术课堂学生能够心灵相通且相互启迪。学前教育专业学生美术学习是培养学生创造力的重要手段。培养学生的创造力与创新精神，需要激发学生的主观能动性，给予每一位学生轻松、自由的学习氛围。教师需要充分利用现代化教学手段，营造动态教学空间，在美术和音乐的交融中，切实推进"以美育人，以文化人"育人宗旨，充分调动学生的眼、脑、耳、手，实现立体化、全方位的美术教学。

第二节　在美术与音乐课程融合中激发学生的创造力

创造是艺术教育功能与价值的重要体现，音乐能够激发学生的表达和创造欲望，从而充分发挥他们的想象力和创造力。美术与音乐作为艺术学科的两大门类有着各自的审美趣味和内涵，其审美意蕴在本质上有着不可分割的内在联系。在学前教育专业美术应用学习领域中，学习目标侧重于对学生创新意识及实践能力的引导与培养，学生的想象力与创新意识是提升创造力的关键，要引导学生于具体的情境中找到不同学科之间的关联性。学生的创造力发展不是靠灌输的，而是沿着体验—实践—协作—交流—反思的发展历程生成的。在皮亚杰看来，思维就是操作，音乐给创造性思维的发展提供了催化作用，同时课堂中需要给学生创设丰富的物质条件。

教师需尽可能发掘教材当中的可创造性内容，创造的关键为创造性思维，发散性思维在创造性思维中占据主导地位，代表着个人的创造力，而其中变通性是关键。所以，学前教育专业美术和音乐学科进行融合的教学过程中，首先要遵循思维发展的特点，课堂上需要利用音乐创设具体情境，促进学生感知觉的发展，通过音乐诱发创造性想象。

任何音乐均是建立在"精神创作"的基础之上，这种精神创作与其他门类的抒情艺术相关，美术和音乐本身的抒情功能反映了某种精神契合，它都是通过其形式与内容去感染审美主体。创造性思维是人们内在的一种精神和心理活动，这种精神上的变化更易于在美术和音乐融合教学活动中发生，并通过交互和探究活动激起学生的创新潜力与创造能力。

在当代教育领域中，注重学生创造力的培养已成为众多教育者的共识。在这个培养过程中，美术与音乐课程融合的实践展现出了无穷的潜力，为学生提供了一个广阔的创造空间。美术与音乐，两种看似截然不同的艺术形式，在融合中相互辉映，点燃了学生创造力的火花，并推动了他们的全面发展。

创造力是人类智慧的源泉，是培养学生创新思维和解决问题能力的关键。美术与音乐课程的融合正是一种打破传统学科界限，促进跨学科学习的创新实践。在融合的课堂中，学生可以通过绘画、雕塑等美术形式来表达音乐的情感，也可以通过鉴赏音乐来激发绘画、雕塑创作的灵感，从而在两种艺术形式的交融中发挥出自己的创造力。然而，要真正激发学生的创造力并不容易。首先，精心设计的课程内容是提升美术与音乐课程融合中激发学生创造力的关键。课程内容应该紧密结合两个学科的特点，充分挖掘美术与音乐之间的内在联系，使学生能够在学习过程中感受到两门艺术的共通之处。其次，多元化的教学方法也是提升美术与音乐课程融合中激发学生创造力的必要条件。传统的教学方法往往过于注重知识的灌输，忽略了学生的主动性和创造性。因此，教师应该尝试采用更加开放和灵活的教学方式，激发学生的自主学习和创新思维。此外，合理的评估机制也是提升美术与音乐课程融合中激发学生创造力的关键。传统的考试评估往往只注重学生对知识的掌握和记忆，忽视了学生艺术创造力和想象力的培养。因此，教师应该尝试采用更加综合和全面的评估方法，如学生作品展示和表演评价。通过这种方式，学生可以更好地展示自己的创造力和想象力，同时也能够从中获得更加准确和有效的反馈。最后，丰富的资源支持是提升美术与音乐课程融合中激发学生创造力的保障。教师应该积极寻找和利用各种资源，为学生提供更加丰富和多样化的艺术体验。同时，学校应该加大对美术与音乐课程融合的支持力度，提供更好的教育设施和艺术资源，为学生的创造力培养提供更好的条件和环境。

第三节 美术与音乐课程融合对教师教学能力的新要求

课程融合已成为教师课程能力的主要诉求，教师是整个课程的参与者和实践者，其课程特点表现为整体性、动态性和融合性，是在有意识状态下强化融合作用。学前教育专业融合课程更加注重教师的教学能力，特别强调教师应突破原有的学科壁垒，具备跨学科能力。当前相当一部分教师群体依旧习惯于"教教材"而不是"用教材去教"，使得学前教育专业教师的课程开发和创造能力渐渐减弱甚至丧失。课程能力已成为教师完成各类课程活动所需要拥有的关键能力，这也是教师综合素质的重要组成部分。学前教育专业美术教师课程融合能力的提升，必须着力改变能力结构单一的现状，需要把单一型转变为综合型，其相互联系着的多种能力应该结合成有机整体。各种能力要素需要相互促进，只有一种能力不足以满足教师参与课程活动的需求。随着学前教育专业课程改革的深入，对教师综合能力的要求越来越高，其综合能力的培养已成为课程教育改革的重要组成部分。教育学家斯基尔贝克说："如果要使学生获得有意义的教育经验，课程的多样化是根本。"所以，课程改革在设置课程上呈现出国家、地方与校本课程三维一体的整体架构。在美术融合课程实践中，需要把美术课程与相应的学习活动和音乐课程紧密联结在一起，实现与不同类型艺术课程的共同价值和独特价值，构成一个有效的融合性的课程。

一、美术与音乐课程融合要求教师具备广泛的知识储备和深厚的专业素养

教师需要对两门学科的发展趋势和教学理念有深入的了解，只有这样，教师才能够准确地把握美术与音乐融合的关键点，将两门学科有机地结合起来。美术是一门综合性的学科，涉及众多的艺术形式和艺术家的作品。美术与音乐课程的融合要求教师熟悉不同艺术形式的发展历程、特点和表现方式。他们需要了解不同时期的艺术潮流和文化背景，掌握多种艺术形式的基本原理。只有通过广泛的学习和积累，教师才能够为学生提供多样化的艺术体验和启发，激发他们的创造力和想象力。美术与音乐是两个独立但又相互关联的学科，两个学科都有其独特的专业性和艺术特点。教师需要熟悉美术和音乐的表现形式和创作手法，能够运用这些知识和技巧指导学生的学习和创作。只有通过不断地学习和实践，教师才能够在融合课程中发挥出自己的专业优势，引导学生进行艺术实践和创新。

二、美术与音乐课程融合要求教师具备创新的教学思维和方法

传统的美术与音乐教学往往被视为相对独立的学科，教师往往只注重教授基本的技巧和知识，而忽视了学生的创造力和想象力的培养。融合后的美术与音乐课程则通过创新的教学思维和方法，鼓励学生在艺术创作中发挥想象力和创造力，培养学生的艺术修养和审美能力。教师应拥有开放的教学思维，在美术与音乐课程的融合教学中，摒弃传统的教学模式，鼓励学生自由思考和创作。教师也可以提供一些启发性的问题，引导学生自主探索和发现美术与音乐之间的联系，通过这种方式，可以培养学习者对艺术的独特感受和理解能力。教师还可以通过探索多种教学资源与技术，开展具有创造性的教学活动。在美术与音乐的融合中，教师可以利用现代科技手段，为学生打造一个更加丰富多样的学习环境。通过新颖的教学手段，学生

不仅可以更直观地感受到艺术的魅力，还能够积极参与到艺术创作中去，提高他们的创造力和表达能力。

三、美术与音乐课程融合要求教师具备良好的沟通与协作能力

在美术与音乐的融合教学中，教师不仅需要与学生进行良好的互动，还需要与其他学科的教师进行紧密的合作。只有通过教师之间的良好沟通与协作，才能够实现美术与音乐课程的真正融合，达到教育的综合效果。可以说，良好的沟通能力是实现美术与音乐课程融合的基础。教师需要与学生进行密切的互动，了解他们的兴趣、特长和学习需求，以便为他们提供个性化的教育。通过与学生的沟通，教师可以了解到学生对美术和音乐的认知和理解水平，进而针对不同的学生设计相应的教学内容和方法。协作能力是实现美术与音乐课程融合的关键，美术与音乐的融合教学需要教师之间的协作，以便为学生提供一个综合的学习环境。教师可以通过互相交流、分享经验和资源，共同设计教学计划和课程内容，以提高学生的学习效果。教师还可以邀请校外专业人士来学校进行讲座和指导，为学生提供更多的学习资源和机会，教师还应具备开放的心态和包容的态度。美术与音乐课程的融合是一项创新的教育实践，其融合能够为学生提供更多的学习机会和发展空间。然而，这也需要教师有勇于尝试和创新的精神。教师应该保持开放的心态，积极接受新的教学理念和方法，并通过不断探索和实践逐步得以完善。

四、美术与音乐课程融合要求教师具备批判性思维和判断力

在融合教学中，教师需要对学生的作品进行批判性评价，同时也需要对自己的教学进行反思和调整。只有具备批判性思维和敏锐的判断力，教师才能够真正发挥美术与音乐课程融合的教学效果，提高学生的艺术修养和创造力。批判性思维是指通过评估和分析信息，形成独立而有根据的判断能力。在美术与音乐融合课程中，教师需要不断地评估和分析学生的作品和表现，以便给予准确的指导和反馈。作为教师，还需要引导学生以批判性的眼光去观察和分析艺术作品，理解其中蕴含的意义和价值。通过教授学生批判性思维的方法和技巧，可以帮助学生培养独立思考和分析问题的能力，从而激发他们对艺术的热爱和追求。判断力是指对信息进行识别、分类和评估的能力。在教学中，教师需要准确地判断学生的认知水平和学习兴趣，以便选择合适的教学方法和内容。同时教师还需要灵活运用不同的教学策略，将美术和音乐的要素融入

课堂中。在美术与音乐课程的融合中，教师需要判断哪些艺术作品适合结合在一起，以及如何将它们有机地融合在一起，这需要教师具备丰富的艺术知识和经验。

五、美术与音乐课程融合要求教师具备跨学科的知识和能力

教师具备跨学科的知识能力对于促进学生综合素养的提升至关重要，传统的教育模式往往将不同学科独立分割，而现在的教育趋势是将不同学科进行融合，以培养学生的综合素质。美术与音乐的融合教学不是两个学科的简单叠加，是通过创造性的方式将两个学科有机地结合起来，教师应该发掘美术与音乐之间的共性和相互关联，以及它们在表达情感、传递信息方面的共同点。要培养教师的跨学科能力，需要教育部门提供相应的支持和培训，教师可以通过参加各种学科交流活动、专业研讨会等，不断学习和交流跨学科教学的经验和方法。此外，教育部门也应该加大对教师跨学科能力培养的投入，建立相应的培训机制和评价体系，为教师的专业成长提供有效的支持。

六、美术与音乐课程融合要求教师具备创新的教学方法和手段

在美术与音乐课程的融合中，教师需要创造性地设计教学内容和活动，激发学生的艺术想象力和创造力。随着科技的不断进步，教育领域也出现了许多新的技术工具和平台，如虚拟实境、人工智能等，这些技术手段为课程的融合教学提供了更多的可能性。教师可以利用电子教案、课件、网络资源等，将不同学科的知识有机地融合在一起。学生可以通过网络搜索相关资料、观看视频教学资源、参与线上讨论等方式来扩展和巩固知识。同时，信息技术还可以提供实时的学习反馈和评估，帮助教师更好地了解学生的学习状况，及时调整教学策略。此外，还可以运用项目学习、合作学习等方法，培养学生的综合能力和团队合作精神。跨学科项目学习是融合教学方法中的一种重要手段。通过设立具有跨学科特点的项目，学生可以在一个实际的问题中，将不同学科的知识和技能进行整合和应用。通过开展跨学科的综合项目，学生能够在实践中更好地发现和解决问题，培养批判性思维和创新能力。合作学习是融合教学方法中的另一种重要手段，通过组织学生之间的合作学习，学生可以在实际的合作中培养沟通、合作等综合能力。

七、美术与音乐课程融合要求教师具备艺术鉴赏和评价的能力

美术和音乐都是艺术的表现形式，它们

有着自己独特的语言和表达方式。在教学中，教师需要引导学生欣赏美术和音乐作品，并能够对其进行评价和分析。教师需要了解不同艺术形式的特点和风格，以引导学生通过欣赏和分析来提高自己的艺术素养和审美能力。同时，教师还需要发现学生的潜力和特长，并给予适当的指导和鼓励。艺术作品的创作是学生实现自我表达和审美体验的过程，对学生作品的评价应该是鼓励和促进其艺术创作的发展，教师要准确地发现学生作品中的优点和不足，并给予积极的指导和建议。艺术评价不仅仅是对作品的表面现象进行评价，更需要教师深入挖掘作品背后的创作动机和表达意图。艺术鉴赏不仅仅是对作品本身的欣赏，更是对艺术家的思想、情感和创作背后的含义的理解。教师需要通过深入研究和学习，不断提升自己的艺术鉴赏能力，以便能够将这些知识与学生分享，激发他们对艺术的热爱。只有教师在艺术鉴赏方面具备了深厚的造诣，才能够为学生打开通向艺术殿堂的大门，让他们欣赏和理解艺术的精髓。

八、美术与音乐课程融合要求教师具备跨文化交流的能力

美术和音乐是全球通用的语言，它们能够跨越国界和文化，成为不同文化之间的桥梁。在教学中，教师需要引导学生通过美术和音乐来了解和尊重不同的文化和价值观。这种跨文化的交流不仅可以拓宽学生的思维，还能够培养学生的国际视野和跨文化交流能力。当今世界日新月异，文化的交流和融合已成为不可避免的趋势。在这个多元化的社会背景下，教育的目标也应该更加注重培养学生的跨文化交流能力，而美术与音乐课程的融合无疑是实现这一目标的重要途径。艺术作为一种跨越时间和空间的语言，承载着丰富的文化内涵。教师具备了跨文化交流的能力，才能引导学生从多个角度去理解和欣赏不同文化背景下的艺术作品。教师也应该引导学生关注社会问题和全球议题，并通过艺术的表达去探索和思考。只有在一个开放和尊重文化的环境中，学生才能真正敞开心扉，跨越文化的障碍，使美术与音乐课程的融合发挥出更大的力量和魅力。

总之，美术与音乐课程的融合不仅为学生提供了全面发展的机会，更对教师的教学能力提出了新的要求。只有通过不断地学习和实践，教师才能够真正发挥美术与音乐课程融合的教学效果，培养出更多具有艺术修养和创造力的学生。在学前教育专业美术教学中融入音乐探寻其创新之路，前提是要立足于美术本位，不可以喧宾夺主，造成本末倒置。学前教育专业美术教学跨学科、跨领域之间的

融合，是对教师教学能力和智慧的考验。在教师学习、研究与实践合力的思考中，要追求研究型、综合型和学术型教师路线。学前教育专业美术与音乐融合教学应注重培养学生的创造力，教师应运用多种教学方法，为学生提供丰富多彩的创新教育，以培养更多的创新人才。美术与音乐融合教学强调学科间的联系，注重培养学生的综合素质，关键在于开启学生思维的门扉，挖掘教师的创新潜力，促进学生的个性发展。

第二十章 职业院校学前教育专业美术教学中融合音乐元素的教学实践

第一节 美术教学中融合音乐元素的有效途径

在当代教育领域，不断突破传统教学模式和教学方法已经成为一种必然趋势。在职业院校学前教育专业美术教学中融合音乐元素这种新颖的教学方法，不仅能够激发学生的创造力，还能够促进其综合艺术素养的全面发展。在职业院校学前教育专业美术教学中，应积极探索和实践这种教学方法，为学生提供更加丰富多样的艺术教育体验，促进他们全面发展。

一、利用音乐的歌词，培养学生的想象力

对于一些学生来说，美术并不是一个容易掌握的技能。其中一个原因是缺乏创造力和想象力。许多学生只能按照教师或者其他人的想法来进行创作，缺乏自己的创造和思考。如何激发学生的想象力，让他们能够自由地表达自己的思想和情感，是教育者需要思考的问题。音乐是一种充满着艺术、美感和情感的艺术形式，而歌词则是其中最能够引发共鸣和情感共振的一种表现方式。音乐歌词是一种非常丰富有趣的文学形式，它通常包含了各种情感和思想。许多歌曲中的歌词充满着诗意和想象力，可以让学生听一首他们喜欢的歌曲，启发他们的创造力和想象力，然后鼓励他们通过美术表现、创作的方式来展现这首歌曲所表达的情感和意境。例如，可以选择一首轻快的歌曲，结合俏皮的歌词，用明亮的颜色和简洁的线条来描绘出歌曲所表达的愉悦和快乐，也可以选择一首

悲伤的歌曲，结合伤感的歌词，用暗淡的色彩和复杂的线条来表现歌曲所表达的悲伤和无助。如果学生能够从歌曲中提取出这些情感和思想，然后将它们转化为绘画作品，那么他们的绘画想象力就会得到极大提升。

再比如，一首歌曲可以描述出一个美丽而神秘的森林，其中充满了各种各样的生物和植物。学生可以从歌词中获取这些信息，并将它们转化为自己的绘画作品。学生可以自由地想象自己在这片森林中，或者描述出自己的理想森林。在这个过程中，学生可以发挥自己的创造力和想象力，自由地表达自己的情感和思想。在绘画的过程中，还可以引导学生关注歌词中的一些关键词汇和句式，例如比喻、拟人、对比等。这些语言形式可以激发学生的联想和想象，帮助他们创造出更具有表现力的绘画作品。如果歌词中有"阳光明媚的早晨"，学生可以用明亮的颜色和温暖的线条来描绘出这个场景；如果歌词中有"黑夜笼罩了整个森林"，学生可以用暗淡的颜色和锐利的线条来表达出黑夜的阴暗和压抑；如果歌词中有"风吹过树梢，树叶在微风中轻轻摇曳"，学生可以用柔和的色彩和流畅的线条来表达出风的轻柔和树叶的轻盈。

此外，音乐歌词还可以帮助学生更好地理解和表达抽象概念。例如，一首歌曲可以描述出一个充满爱与和平的世界，学生可以从歌词中获取这些抽象概念，并将它们转化为美术作品。在这个过程中，学生需要思考如何将这些抽象概念转化为具体的形象，这样他们就可以更好地理解和表达这些概念。除此之外，音乐歌词还可以帮助学生更好地理解和表达自己的情感和思想。例如，一首歌曲可以描述出一个充满诗意和思念的场景，学生可以从歌词中获取这些情感，并将它们转化为自己的美术作品。在这个过程中，学生需要思考如何将这些情感转化为具体的形象和颜色，这样他们就可以更好地表达自己的情感和思想。比如，有一首非常经典的歌曲《青花瓷》，这首歌曲的歌词充满了浪漫和诗意，可以启发学生的创作灵感。我们可以让学生通过这首歌曲的歌词，想象自己身处一个充满着青花瓷、充满着美丽的场景中，并用绘画的方式来表达这种情感和感受。

可以说，音乐歌词是一种非常有趣的语言形式，它能够引起我们的共鸣，让我们感受到歌曲背后的情感。通过美术与音乐的综合实践课程，学前教育专业学生可以深入了解美术和音乐融合教育理论和实践，并将其应用于幼儿教育中。为了更好地融合美术和音乐于幼儿教育中，在选择歌词的时候，需要考虑到适合幼儿的年龄段和绘画的难易程度。对于年龄较小的幼儿来说，可以选择一些比较简单的歌词，例如《小白兔白又白》中的"小白兔白又白，两只耳朵竖起来，爱吃萝卜爱吃菜，跑起路来真叫快"。这类歌词能够激发孩子的学习兴趣和学习动力，并通过绘画的方式让幼儿更好地理解和记忆。音乐能够通过旋律、节奏、和声等元素来传达情感和意境，而绘画则通过线条、色彩、形态等表现形式来表达情感和感受。利用音乐的歌词来培养学生的绘画想象力，是一种非常好的方法。通过这种方法，可以让学生更好地了解音乐、了解艺术、了解自己，同时也可以让他们更加热爱绘画、热爱艺术。

二、利用音乐的听觉体验，唤起学生的情感体验

音乐是一种神奇的艺术形式，它不仅可以给人带来愉悦和放松的感觉，还能够唤起人们的情感和启发想象力。当学生在欣赏音乐时，他们会感受到音乐所传达的情感和氛围，这些情感和氛围可以激发他们的创造力和想象力，从而帮助他们更好地表达自己的情感和思想。学生可以根据音乐的旋律和节奏，选择不同的绘画手法和颜色，表达自己的情感和想法。当学生听到快乐的音乐时，他们可以用明亮的颜色和轻快的线条来表达自己的喜悦和兴奋；当学生听到悲伤的音乐时，他们可以用暗淡的颜色和沉重的线条来表达自己的悲伤和沉重。音乐听觉体验唤起学生绘画的情感是一种非常有创意和富有启发性的教学方法。通过这种方法，学生可以更深入地理解和感受音乐的内涵，同时也可以提高他们的绘画技能和审美水平。当学生沉醉于音乐的旋律中时，心灵不知不觉地被吸引，思维逐渐变得清晰，情感不断被唤起。这种音乐带来的听觉体验，不仅可以引发学生的情感波动，还能够唤起学生内心深处的绘画欲望。对于学生来说，艺术是一种表达自我、探索内心、发现自我和展示自我的方式。其实，美术和音乐一直以来都是互相影响的。在美术创作中，音乐可以为美术家提供精神上的支持和启示。美术家可以通过音乐，进一步挖掘自己的创作灵感，创造出更有艺术性和内涵的作品，而在音乐的演奏中，也有很多音乐家通过对美术作品的理解和感受，赋予了音乐更加深刻的内涵和表现力。

在美术融合音乐课堂中，音乐可以扮演很重要的角色。首先，音乐可以帮助学生放松身心，减轻学习压力，从而更加专注于美术创作。其次，不同类型的音乐可以帮助学生进入不同的美术创作情感氛围。例如，激情的摇滚乐可以帮助学生创作出充满生命力的作品，而安静的古典乐则可以帮助学生表现出内敛的情感，创造出柔美的作品。此外，

音乐还可以帮助学生更好地理解和感受美术作品。例如，在学生学习观摩名画时，教师可以通过播放音乐，帮助学生进入画作的情感氛围，从而更好地理解画作的内涵和意境。同时，在学生的美术创作中，教师也可以根据学生的表现风格和情感情况，为他们选择最适合的音乐，帮助他们更好地表现出自己的情感和思维。无论是在学生学习观摩名画还是在学生的绘画创作中，音乐都可以为学生带来无限的灵感和创造力。通过音乐的听觉体验，学生可以更好地感受和表达自己的情感，进一步提高自己的艺术修养。

总之，音乐听觉体验能唤起学生美术创作的情感，这是一种能够促进学生艺术素养和创造力发展的有效途径。音乐是一种特殊的艺术语言，它能够通过声音和韵律来表达情感和思想。不同的音乐类型和曲风，都能够唤起不同的情感和想象。轻快的流行音乐会让人感到快乐和轻松，而悠扬的古典音乐则会让人感到沉静和安详。在学生的日常生活中，他们会遇到各种各样的挑战和压力，在这些压力和挑战下，他们的内心往往会感到一定程度的疲惫和迷茫。然而，当他们听到一首旋律动听的音乐时，音乐的节奏和旋律会让他们身心放松，在享受音乐的时候，学生们会不自觉地沉浸在音乐的世界中，从而感受到音乐所带来的情感和美好。这种体验会让学生充满情感动力和创造力，进而激发他们的创造潜能。

三、利用美术与音乐的契合点，降低美术技艺的难度

在美术领域中，音乐可以为画作注入生命力。美术作品通常需要观众去感受画作中的情感，而音乐可以为这些情感注入更深层次的内涵。在一幅描绘悲伤情感的画作中，悲伤的音乐可以让观众更加深刻地感受到画作中的情感。这种音乐和画作之间的契合，可以使观众更加深刻地理解画作中的情感和主题。另外，音乐也可以为画作带来更加丰富的层次感。在一幅描绘浪漫情感的画作中，浪漫的音乐可以让观众感受到画作中的层次感。这种音乐与画作的契合，可以使学生更加深入地理解画作中的层次感和艺术价值。音乐为绘画注入生命力，绘画也可以为音乐带来视觉上的享受。在音乐表演现场，一幅充满想象力的主题画作可以为观众带来视觉上的享受，这种绘画和音乐的契合，可以让观众更加深入地理解音乐的主题和意义。

通过利用美术与音乐的契合点，可以降低美术技艺的难度。在美术领域中，许多人可能会因为缺乏专业的美术知识而无法深入理解画作中的情感和主题。但是，通过音乐和绘画之间的契合，可以让观众更加深入地

理解画作中的情感和主题，从而降低美术技艺层面的难度。这种降低美术技艺难度的方式，能够让更多的人欣赏和理解美术作品，从而提高人们的艺术素养和审美水平。通过利用美术与音乐的契合点，可以更加深入地理解绘画的构图和色彩运用，还可以帮助更好地感受画作中的色彩和光影，从而更加深刻地理解绘画所表现的意义和内涵。

对于许多学生来说，美术常常被视为一种高深的学科，需要有一定的专业知识与技能才能够领略其中的妙趣。但事实上，美术的魅力并非仅仅出现在它的技艺层面，而更多地体现在它所能够带给人们的情感共鸣与体验上。这种体验，恰恰是可以通过音乐来进行传递的。美术与音乐的契合点，既可以是形式上的，也可以是情感上的。在形式上，音乐可以为画面提供一个节奏感，使得视觉上的变化更加生动有趣。比如，在一个时间线上，画面的变幻可以与音乐的节奏相呼应，从而让学生在欣赏的同时，产生一种身临其境的感觉。在情感上，音乐则可以为画面注入一种情感色彩，使得画面所表达的情感更加生动有力。在美术教育中，利用音乐来为画面注入一种情感色彩，可以让学生更加深刻地理解美术作品所要表达的意义。音乐可以帮助学生更好地理解色彩。在学习美术时，色彩是一个非常重要的元素，而音乐中的音调和节奏，则可以帮助学生更好地理解不同颜色所代表的情感和意义。例如，高音调往往代表欢快和活力，而低音调则代表沉重和忧伤。通过将不同的颜色与不同的音调相对应，可以更加深入地理解色彩的搭配和运用。另外，音乐可以帮助学生更好地理解构图。构图是美术中一个非常重要的概念，它涉及画面的布局、平衡、比例等问题。但是对于初学者来说，构图往往是一个比较抽象的概念。音乐中的节奏和韵律，则可以帮助学生更好地理解构图的原理。例如，不同的节奏和韵律可以产生不同的视觉效果，如果能够将这些音乐元素与构图相对应，就可以更加深入地理解构图的实现方法。

总之，利用美术与音乐的契合点，可以让学习美术变得更加容易、有趣，让初学者不再感到无助和挫败。当我们在欣赏美术作品时，可以借助音乐的元素，来更好地理解作品中所表现的色彩、构图和情感。

第二节　美术融合音乐课程教学实践案例

美术和音乐作为两种非常重要的艺术形式，受到了人们越来越多的关注和热爱。在教育领域中，这两种艺术形式的融合并不容易，因为它们本质上是两种不同的艺术形式，需要不同的技能和知识。但是，将美术和音乐进行融合教学，可以为学生创造更加多元化的艺术体验，也可以提高学生对不同艺术形式的认识和理解。美术与音乐融合课程为学生创造了一个丰富多彩的学习环境。在这个环境中，学生可以通过美术和音乐的融合，更深入地理解艺术的真谛，提高其审美能力和创造力。美术作品和音乐作品都有着鲜明的主题和情感表达。因此，将美术和音乐融合在一起进行教学，可以帮助学生更好地理解和感受艺术的内涵和情感。

创新是推动教育发展的重要驱动力，学科的融合与交互，使得学生在学习中能够更好地发掘自己的潜能。通过不断探索和实践，已成功地将美术与音乐融合教学引入课堂，并形成了一系列的教学案例。通过这些案例，学生不仅能够获得全面的艺术体验，还能够培养自己的创造能力、表达能力和艺术鉴赏能力。美术与音乐的融合教学为学生带来了无限的可能性。相信随着时间的推移和实践的深入，美术与音乐融合教学将在教育领域中发挥越来越重要的作用，为学生带来更加丰富多彩的艺术体验。

然而，美术与音乐融合教学并非一蹴而就，它需要我们不断地进行改进和完善。首先，需要在教学内容上加强融合的程度。美术与音乐的融合教学要通过创造性的方式将它们有机地融合在一起。其次，需要在教学方法上探索创新。美术与音乐融合教学需要采用多种多样的教学方法，以激发学生的学习兴趣和潜能。最后，需要在评价和反馈上给予学生足够的关注和指导。美术与音乐融合教学需要建立科学的评价体系，以便及时发现学生的潜力和不足，并给予他们相应的指导和帮助。

一、欣赏评述

案例一：印象主义绘画与印象主义音乐——《日出·印象》与《水中倒影》

美术与音乐都是人类文化的重要组成部分，两者之间有着紧密的联系与相互影响。

在美术史上，有许多绘画流派与音乐流派相互呼应，其中印象主义绘画与印象主义音乐就是最为典型的一种。它们的这种相似性不仅体现在艺术家对自然景观、光影效果的表现上，也体现在他们对艺术元素、艺术表现力的借鉴上。因此，在学习美术与音乐的过程中，将印象主义绘画与印象主义音乐相结合，可以更好地帮助我们理解两种艺术形式之间的互通性，提高其审美素养与创作能力。

印象主义绘画是 19 世纪末在法国兴起的一种艺术流派，其特点是注重对自然景观的直接感受和描绘，强调光影的变化和光的色彩效果。印象派画家们追求的是表现自然光线下物体的瞬间状态和色彩变化，他们不再追求传统绘画的精确度和静态感，而是更注重对光影、形态和色彩的感性表现。印象主义绘画在色彩上运用了许多明亮、鲜艳的色彩，使画面更加具有视觉冲击力和生命力。印象主义音乐是 19 世纪末在法国兴起的一种音乐风格，其特点是强调音乐的色彩效果、音响效果和情感表现。印象主义作曲家们试图通过音乐表现自然景观的音响效果，如风、水、阳光等，同时也注重色彩的运用，如在音乐中运用一些不同的调性与和弦，以体现音乐的多彩性和变化性。印象主义音乐在情感表达上也更加追求感性和直觉性，强调音乐的氛围和画面感。

印象主义绘画与音乐之间存在着诸多相似性。首先，印象主义绘画和音乐都强调对自然景观的直接感受和表现，追求感性和直觉性的表现方式。其次，印象主义绘画和音乐都注重色彩和光影的运用，以表现自然环境的多彩性和变化性。再次，印象主义绘画和音乐也都强调对情感的表达和氛围的营造，试图通过艺术作品传递情感，唤起观众的共鸣。

在学习美术与音乐的过程中，可以通过将印象主义绘画与印象主义音乐相结合，来更好地理解两种艺术形式之间的相互影响。例如，可以通过对印象主义绘画和音乐的鉴赏，来感受自然光线下物体的瞬间状态和色彩变化，从而更好地理解光影和色彩在艺术中的表现方式。此外，还可以通过自己的绘画创作，将印象主义绘画和音乐进行融合，来表达自己对自然环境的感受和情感。

印象主义绘画和印象主义音乐之间的相似性，让人们看到了两种艺术形式之间的共通之处，这种相似性为美术融合音乐课程提供了一种新的学习方式和无限的创作启示，能够让人更加全面地理解和欣赏艺术的多样性和丰富性。通过对两种艺术形式的深入探究，可以提高我们的审美素养和创作能力，也有助于在未来的艺术实践中发挥更大的创作潜力。

美术融合音乐课程是一种非常创新的教学方式，它将美术与音乐完美结合，让学生在欣赏音乐的同时，去感受画面所传达的情感。莫奈的油画《日出·印象》和德彪西的钢琴曲《水中倒影》就是两个非常好的例子。它们所表达的东西，不仅是一个自然景象，更是一种感性认识和体验。通过学习这些作品，可以更加深入地感受到自然中一些微妙的、难以用语言描述的美好事物，从而更加深入地理解和感受艺术的魅力。德彪西创作的钢琴曲《水中倒影》把音乐与画面完美结合，描绘了水光和倒影摇曳且色彩斑斓的景象，充分展现了印象派音乐明暗交替、光影变幻的美感，让人们仿佛看到了水中倒影的美丽图景。这首曲子旋律优美、节奏清晰，给人以舒适的感觉。在欣赏时仿佛置身于一片静谧的水面上，看着水中倒影中的树木和天空，感受到了大自然的美妙。与之相似的是莫奈的《日出·印象》，在这幅充满印象主义风格的杰出画作中，莫奈通过对光的运用，使海水、天空与其他景物在轻松的笔调中交错渗透，浑然一体。画家通过轻盈的笔触来展示雾气交融的景象，给人以无限遐想。《日出·印象》也是一幅充满着幻想和梦境的画作，在欣赏这幅画时，太阳刚刚从海平面上升起，让人仿佛置身于日出的时刻，能深深感受到自然界的美丽。其实这幅画作所表现的不仅是一个自然景象，更是莫奈对于自然的感性认识和体验。虽然《水中倒影》与《日出·印象》是不同的艺术形式，但它们却有着相似的情感与主题，都表现了艺术家对于自然的感性认识和体验，表现了他们对于自然中一些微妙的、难以用语言描述的美好事物的追求和表达。在美术融合音乐课程中，可以将这两个作品呈现给学生，让他们在鉴赏中感受到艺术的魅力。

案例二：浪漫主义绘画与浪漫主义音乐——《自由引导人民》与《英雄波兰舞曲》

浪漫主义绘画和浪漫主义音乐不仅有着各自独特的表现形式和表达方式，也有着让人惊叹的相似性，这种相似性使得两者之间产生一种神秘而又美丽的共鸣和对话。浪漫主义绘画和浪漫主义音乐都强调情感的表达和个人的内心体验。在浪漫主义绘画中，艺术家通过细腻的画笔和丰富的色彩，来表达自己内心的情感和对于自然、人类和宇宙的独特感悟。同样的，在浪漫主义音乐中，作曲家通过旋律的起伏与乐器的和谐配合，来传递自己的情感和对于世界的独特理解。无论是绘画还是音乐，都是艺术家用自己的创作语言来诉说内心的声音，通过作品与观众或听众进行情感上的共鸣。浪漫主义绘画和浪漫主义音乐都追求超越现实的境界和对于理想世界的向往。在浪漫主义绘画中，艺术家们表达对于理想境界的向往，追求着一种超越现实的理想境界，追求内心世界的自由流露，以及对人类内心世界的探索和深刻思考。在浪漫主义音乐中，作曲家们通过奇幻的音乐构思和充满想象力的音乐表达方式，来创造出一个超越现实的音乐世界。浪漫主义绘画和浪漫主义音乐强调艺术想象和激情，以其独特的艺术语言和表现手法，给人以自由、奔放的感受和震撼。在浪漫主义绘画中，艺术家们通过细腻的笔触和充满变幻的色彩，创造出富有层次感和质感的画面，使观众能够感受到其中所蕴含的情感和意境。在浪漫主义音乐中，通过曲调和细腻的演奏技巧，以特有的强烈、自由、奔放的风格，使听众沉浸其中，从而感受到音乐所传递的情感和思想。

欧洲浪漫主义绘画与音乐作品的审美元素呈现出令人惊叹的相似性。这个时期的艺术家们追求情感的自由表达和对自然与人性的深刻思考，以此创造出了许多永恒的杰作。无论是绘画作品还是音乐作品，它们都散发着一种神秘而浪漫的氛围，让我们沉浸其中，感受到灵魂的震撼。在浪漫主义绘画作品中，艺术家们通过精心运用色彩和巧妙构图的方式，将自己的情感注入画作之中。例如，在德拉克洛瓦的油画《自由引导人民》中，画家将自由的意象通过强烈的色彩与神秘的光线展现出来，使观者感受到一股强烈的激情与自由之美。《自由引导人民》以其独特的艺术风格和深邃的内涵，成为西方艺术史上不可忽视的一幅杰作。这幅画是画家为纪念法国七月革命而创作，德拉克洛瓦以浓重的色彩和矗立的形象，将人民的斗争和追求完美地展现在画布上。背景中的人民热情高昂，愤怒的目光和挥舞的旗帜表达了他们的决心和意志。德拉克洛瓦对人民的描绘充满了浓郁的浪漫主义色彩，是一幅充满情感和力量的画作。浪漫主义音乐则通过旋律的起伏、和声的丰富以及节奏的变化，将音乐家自己内心深处的情感与听众分享。例如，肖邦的钢琴曲《英雄波兰舞曲》富有激情和浪漫的艺术风格，强调个人的感受和情绪体验。肖邦作为浪漫主义音乐的代表人物之一，他的作品不仅充满了浓郁的情感色彩，更展现了对波兰民族的深情厚意。《英雄波兰舞曲》就是肖邦对波兰民族英勇抗争精神的赞美，面对祖国的苦难，他决定用自己的音乐来表达对祖国的爱和对抗争者的崇敬。这首舞曲以其优美的旋律和激昂的节奏，展现了肖邦对祖国的热爱和对英勇抗争者的致敬。乐曲中的高潮部分更是气势磅礴，音符犹如激流般汹涌而至，彰显了波兰人民的英勇壮志。

作品凭借其浪漫主义的情感和独特的艺术表达方式，引发了广大听众的共鸣。浪漫主义是一种富有激情、热情和情感的艺术风格，它强调个人的感受和情绪体验。将浪漫主义绘画与浪漫主义音乐结合起来，学生能够更好地理解和欣赏艺术作品所传达的情感。这种跨学科的教学方法不仅能够提升学生的艺术修养，还能够培养他们的审美能力和创造力。

案例三：古典主义绘画与古典主义音乐——《雅典学院》与《第38交响曲"布拉格"》

古典主义绘画和古典主义音乐在创作理念和审美趣味上都存在着惊人的相似。它们追求和谐、壮美的艺术表现和对古代文明的传承，以及强调理性、秩序和对人类命运的思考。无论是欣赏一幅古典主义绘画，还是聆听一首古典主义音乐，都能够感受到古典主义所带来的庄严、优雅和永恒之美。古典主义绘画以古希腊和古罗马神话、历史事件以及圣经故事为主要题材。这些题材被艺术家们应用到绘画作品中，展现出神圣、庄严和理性的一面。古典主义音乐也常常以神话传说和宗教经典为灵感，通过音乐的表达方式，传达出崇高、庄重和冷静的情感。古典主义绘画和古典主义音乐共同追求理性和秩序，在古典主义绘画中，艺术家们偏重理性，注重形式的完美和形象的理想化，力求以一种深思熟虑、严谨的方式呈现作品。古典主义音乐也强调结构的合理性和逻辑性，追求旋律、节奏与和声的有机结合。这种追求理性和秩序的特点使得古典主义绘画和古典主义音乐都显得庄重而典雅。尽管古典主义强调理性和秩序，但艺术家们在作品中依然通过色彩、构图和细节的处理来表达自己的情感。古典主义绘画通过精湛的绘画技巧，传达出艺术家对于美的追求和对于人类情感的揭示。古典主义音乐通过音乐的旋律、和声与节奏来传达出作曲家的情感体验，使得音乐充满了情感的张力和表现力。

古典主义绘画与古典主义音乐在形式和主题上都追求一种古典的完美。拉斐尔是意大利文艺复兴时期的伟大画家，他的壁画《雅典学院》中哲学家、艺术家、科学家荟萃一堂，以其独特的构图和细腻的笔触展示了古希腊雅典学院的场景。学者们端庄而肃穆地聚集在一起，整个画面呈现出一种平衡和谐的美感。同时，画面中的光影运用和细节描绘也十分精彩，整幅作品呈现出一种神圣和庄重的氛围。古典主义音乐的典范之一莫扎特的《第38交响曲"布拉格"》，以其悠扬的旋律和严谨的作曲结构展示了古典主义音乐的特点。莫扎特运用丰富的音乐手法，如对位法、变奏曲、装饰音等，使得整个交响曲充满了音乐的变化和层次感。同时，对和声、旋律和节奏技巧的准确把握，使得整个交响曲以其平衡和谐的音乐结构，呈现出一种庄重而崇高的氛围。古典主义绘画和音乐也都注重艺术形式的严谨和规范。在古典主义绘画中，画家们通常使用明暗对比和透视法来增强画面的层次感、立体感。在古典主义音乐中，作曲家们则注重对和声、旋律和节奏技巧的运用，以创造出一种和谐而完美的音乐效果。

拉斐尔和莫扎特在创作中都展现了对于人性与情感的深入思考。拉斐尔通过壁画《雅典学院》中人物的表情和姿态展现了古希腊人的智慧和内敛，而莫扎特通过音乐《第38交响曲"布拉格"》中的旋律与和声展现了人类情感的丰富和多样性。他们的作品都诠释着人类的情感世界，让观众和听众深深地感受到了艺术的力量和魅力。另外，拉斐尔和莫扎特都在其作品中展现了对于自然和人类文明的崇尚。拉斐尔在《雅典学院》中展现了古希腊雅典学院的庄严与肃穆，莫扎特在《第38交响曲"布拉格"》中则表达了对布拉格这座城市的热爱，他们都是通过自己的作品向世人传递出对于美的追求。美术和音乐作为两种不同的艺术形式，在融合时能够产生更加丰富和深刻的感受。通过跨学科教学的方式，美术和音乐可以相互借鉴、相互促进，为学生打开一扇通往艺术世界的大门。

案例四：孤独贫苦的坚韧与命运抗争的不屈——《向日葵》与《命运交响曲》

梵高的油画《向日葵》以其独特的色彩运用和强烈的情感表达，成为世界艺术史上重要的绘画作品。画中那绽放的向日葵，仿佛是一首优美的乐章，将自然界的光明与生命之力展现得淋漓尽致。贝多芬的钢琴曲《命运交响曲》则以其澎湃的力量和卓越的构思，成为音乐从古典走向浪漫的巅峰之作。梵高的《向日葵》和贝多芬的《命运交响曲》都蕴含着丰富的情感内容和人文价值。学生通过欣赏以上两者可以感受到艺术对人类情感的触动和对社会人文的关怀。他们会被梵高对自然之美的独到诠释所震撼，被贝多芬对命运之力的深刻探索所触动。这种情感的激荡将使学生更加关注人性与社会。

在美术课堂上，当《命运交响曲》响起时，学生用心去欣赏和感受梵高的《向日葵》，音乐的旋律仿佛将他们带入了梵高的世界，可以感受到画中向日葵的自由舒展，感受到它们的生命力与热情。梵高以鲜艳的色彩和夸张的笔触展现了生命的美丽，通过欣赏这幅作品，学生仿佛看到了太阳的火焰在迅速蔓延，在耀眼的光芒中感受到了生命的无尽可能。他们可以从中感悟到艺术家的独特视角和对自然的热爱，进而激发出自己对美的追求和创作的激情。贝多芬的《命运交响曲》带给人们的是壮丽与庄重，其以宏大的音乐构思和激昂的旋律，展示了人生的坎坷与战胜命运的勇气。在欣赏这部交响乐作品时，学生们被音乐的力量所震撼，感受到了贝多芬对生命的无尽热情和追求。他们可以从中领悟到艺术家的情感表达和对人性的思考，进而激发出自己面对挫折和困难时的坚韧与勇气。

案例五：苏州园林与《苏州园林三部曲》

苏州，这座美丽的古城，以其独特的园林艺术而闻名于世。苏州园林以其精致的设计、精美的构造和细腻的布局，充分展示了中国古代园林的魅力。音乐作品《苏州园林三部曲》以苏州园林为背景，通过音乐的方式将苏州园林的美景和文化内涵传达给观众，从而在建筑和音乐之间架起了一座桥梁。苏州园林的独特之处在于它的布局和构造，错落有致的亭台楼阁，曲径通幽的小道，让人们感受到江南园林的独特韵味。《苏州园林三部曲》为苏州本土国风社团吴梦社继姑苏三部曲、运河三部曲、太湖三部曲后策划创作的国风新专辑，《苏州园林三部曲》为《拙政园》、《浮生梦忆》和《偶遇》，通过旋律的起伏、节奏的跳动，唤起人们对自然之美和人文之美的感慨和赞叹。《苏州园林三部曲》曲调轻柔、旋律流畅，给人以宁静和优雅的感觉，当音符跳跃、弦音袅袅时，给人带来灵动的诗意。

苏州园林以自然为依托，以景致为主线，以人文为内核，形成了一种独特的园林艺术风格。它采用的独特布局，营造了一种平衡和谐的空间氛围。这种平衡和谐的特点正好与音乐中的旋律相呼应。在音乐中，旋律的起伏和节奏的变化都需要达到一种平衡和谐的状态，才能给人以舒适的听觉享受。同样，苏州园林中的建筑元素也需要达到一种平衡和谐的状态，才能给人以美的享受。

在跨学科教学中，学生可以通过观赏苏州园林的建筑作品，感受其独特的美学价值，并通过欣赏《苏州园林三部曲》音乐，进一步加深对园林文化的理解和体验。教师引导学生在欣赏苏州园林的同时可以通过绘画创作来表达自己对苏州园林的印象，从而实现对园林艺术更深层次的理解和体验。在美术与音乐的融合教学中，教师的角色尤为重要。教师应该具备丰富的艺术知识和教学经验，能够将美术和音乐的元素有机地融入教学中。

二、表现创作

案例一：油画棒画《春之歌》

在教学中我们常常使用音乐进行美术教学的启发和引导。比如，在一次美术课上，播放了李谷一演唱的一首富有感染力的《春之歌》。这首音乐以轻快的节奏、欢快的旋律和清新的氛围，表现了春天的美好和生机。教师让学生听完这首音乐后，将他们自己对春天的感受用颜色和画笔表现出来。最后，学生们完成了一幅幅《春之歌》的绘画作品。有的作品中运用了细腻的线条和明亮的色彩，描绘出绽放的鲜花、婀娜多姿的树木和欢快的小鸟，这些元素相互融合，呈现出春天的喜悦和活力。有些作品还巧妙地运用了画面的层次感，使观者仿佛置身于丰富多彩的春日之中。有一幅作品中，一位优雅的女子身穿轻纱长裙，站在一片翠绿的草地上，她的身影在微风中摇曳，仿佛在跳着一支轻快的舞蹈，从她的手指间飘溢出来的音符，如同魔法般飞向天空，充满了生机与活力。整幅画面充满了动感和节奏感，色彩的运用让人感到愉悦和轻松，通过细腻的笔触，将音乐的节奏和旋律融入绘画中，使观者在欣赏画作的同时，仿佛能够听到那首《春之歌》的优美旋律，感受到音乐所带来的愉悦和激动。这些画作让观者不仅能通过视觉感受到春天的美丽，还能感受到春天的"声音"。学生运用画笔的舞动，将音乐的旋律转化成了色彩的流动，这种感官的双重刺激使得作品更加生动而立体。

案例二：水粉画《印象派风情画》

在这次课堂上，教师让学生听一段印象派风格的音乐，然后让他们用自己的想象和创造力来画一幅印象派风格的风情画。学生们在绘画的过程中，不断地感受和表达音乐带给他们的情感和想象力。在课程的开始，教师会介绍印象派绘画的基本特点和技法，让学生理解其对色彩和光影的独特处理方式。然后，学生会听取一段精选的印象派音乐作品，这段音乐作品既要与印象派绘画的风格相契合，又要具有丰富的情感内涵。比如，播放法国印象派作曲家拉威尔的奏鸣曲《水的嬉戏》，音乐的旋律和节奏会激发学生的创造力，引导他们在画纸上运用色彩和笔触，表达自己对音乐的感受与理解。在绘画过程中，学生会被要求根据音乐的不同部分或情感变化，调整自己的画笔和色彩运用。比如，在音乐的高潮部分，学生可以运用更加鲜艳和明亮的色彩，来表达音乐的激情和力量；在音乐的平和部分，他们可以选择一些浅淡柔和或者有朦胧感的色调，来表达音乐的轻柔和温馨。在教学过程中，教师选择一些印象派画家的名作进行详细解读，比如莫奈的《睡莲》、雷诺阿的《红磨坊的舞会》等，通过对这些画作的分析和解读，学生可以更好地理解印象派画家的艺术追求和创新精神。

案例三：水彩画《我的童年》

回想起童年，那些最真实、最美好的回忆如出一辙，无一例外大都是和游戏、音乐、美术有关的。这些记忆构成了成长的基础，也成为了创作的灵感。选用舒曼的钢琴套曲《童年情景》回忆童年情景进行水彩画创作，是一个让人充满期待的题材，因为童年时光是每个人最美好的时光，它充满了无穷的创作灵感。

《童年情景》全曲由十三个标题性小曲组成：《异国和异国的人们》、《奇怪的传说》、《捉迷藏》、《孩子的请求》、《心满意足》、《重要事件》、《梦幻曲》、《壁炉旁》、《木马游戏》、《过分认真》、《惊吓》、《入眠》和《诗人的话》。曲目中的《异国和异国的人们》是一个非常有意思的小曲，它描绘了一个充满了异国情调的场景，在这个画面中，可以用水彩画出异国人们的服饰、建筑、风景，以及他们所从事的活动，让观众感受到异国情调的独特魅力。《奇怪的传说》可以想象自己置身于一个神秘而古老的神话世界。在这个画面中，可以用水彩画出神话中的人物、动物、建筑，以及神话中所描述的场景。《捉迷藏》是一首充满了童真和乐趣的小曲。当听到这首曲子时，仿佛画面中出现了一个小男孩，躲在树后面，手拿一个大大的玩具枪，正在玩着捉迷藏的游戏。他的脸上充满了兴奋和期待，眼神灵动而又深邃。画面中的树木、草丛、花朵，都被精细地描绘出来。同时，乐曲中那欢快的旋律、节奏也成为了画面中的一个重要元素，让人不由自主地跟着节奏扭动起来。在这个画面中，可以用水彩画出孩子们在草地上玩耍、捉迷藏的场景，以及他们的笑容和快乐。《孩子的请求》是一个充满了渴望和向往的小曲。它让我们想起了童年时那些对未来充满了美好向往的时光。在这个画面中，可以用水彩画出孩子眺望远方的场景，以及他内心的渴望和向往。也可以描绘一个孩子向父母请求的场景，通过孩子的神态和父母的表情，表达出那种亲情和温暖。《心满意足》是一个充满了欢乐和满足的小曲。它让我们想起了童年时那些充满了乐趣的时光。在这个画面中，可以用水彩画出孩子们在游乐场上玩耍、嬉笑的场景。《重要事件》是一首较为深沉呆板的小曲，仿佛呈现出孩子一本正经的严肃面孔。在这个画面中，可以通过水彩画表现童年成长时的学习、友谊等无数的重要时刻。《梦幻曲》是一首充满了梦幻和奇妙的小曲。它让我们想象自己置身于梦幻的世界，看到了一些与现实完全不同的场景。在这个画面中，可以通过水彩运用柔和的线条和虚幻的色彩，表达出梦幻中的人物、建筑、风景，以及梦幻中的奇妙场景。《壁炉旁》是一首充满了温馨和舒适的小曲。它让我们想起了那些温馨的家庭氛围和亲情关怀。在这个画面中，可以用水彩画出一个温馨的家庭场景。《木马游戏》是一首充满了童趣的小曲。它让我们想起了童年时那些充满了游戏和欢乐的时光。在这个画面中，可以用水彩画出孩子们在玩木马的场景。《过分认真》是一个比较严肃的主题。它让我们想起了童年时那些充满了责任感和使命感的时光。在这个画面中，可以用水彩画出一个孩子为完成某项任务而认真工作或劳动的场景。《惊吓》是一首充满了紧张和恐惧的小曲。它让我们想起了童年时那些紧张和恐惧的时光。在这个画面中，可以用水彩画出一个孩子在面对某种情境时的紧张和恐惧，以及他内心的挣扎和矛盾。《入眠》是一首充满了安静和祥和的小曲，它让我们想起了那些平静而祥和的夜晚。在这个画面中，可以用水彩画出一个孩子在入睡前的场景。《诗人的话》这首终曲蕴含着成人迷惘惆怅的心情。在这个画面中，可以用水彩画出对已逝童年的忧伤和感慨，以及对于生命和世界的思考。

《童年情景》的每一首曲子都有独特的主题和氛围。可以选用其中的几首小曲来进行水彩画创作，以准确的笔触、洗炼的手法，深入儿童心灵刻画他们的心理活动。在回忆童年情景时，还可以从自己的经历出发，描绘出那些曾经感受到的情感和想象。比如，可以画出那些曾经在树下荡秋千、在河边捉鱼虾、在田野追蝴蝶、在门口玩泥巴的情景。

案例四：线描画《我的同桌》

绘画创作是一个让人沉醉于创造的过程，能让我们在无边的想象中，找到自己的内心世界，而将绘画与音乐相结合，更是一种美的享受。线描画《我的同桌》选取了同桌这个特殊的关系作为主题，通过线条的流动，将同桌之间的情感表达得强烈或含蓄。老狼的校园神曲《同桌的你》是青春的象征，它勾起了对于那段时光的美好回忆。选择这首歌曲作为绘画创作的背景音乐，就是想要在画作中，表达出对那段时光的美好怀念。在创作过程中，选用线描画的方式，通过线条的勾勒，将一幅幅青春的画面呈现在我们的眼前。这种画法的特色在于，用简单的线条勾勒出整个画面，让人感受到画面的简洁美。在创作中，要注重线条的细节处理，用细腻的线条表现出画面中的情感。在美术融合音乐课程绘画创作实践中，可以尝试用不同的线描画技法，来表现不同的物象形态和质感。线描画创作《我的同桌》选用校园神曲《同桌的你》演绎青春朦胧之美，能勾起美好的青春回忆。《同桌的你》以其优美动人的旋律和动听的歌词，将画面中的情感展现得淋漓尽致。歌曲中流淌着对同桌的思念和珍惜之情，唱出了一份纯真而深沉的友谊。每当歌曲响起，仿佛能够将人带回到那段难忘的青春时光。这种美术与音乐的融合不是简单的叠加，它们之间存在着一种奇妙的共鸣与互动。音乐作品通过旋律的起伏和歌词的表达，将听者带入画作所表达的情感之中，使其能够更加深入地理解和感受。在创作《我的同桌》的过程中，学生不断尝试着用线条表现出同桌之间的默契与情感，这种创作方式，不仅仅是在画纸上勾勒出一幅画面，更是在唤起画者内心深处的共鸣。

案例五：泥塑制作《我们的音乐会》

泥塑制作《我们的音乐会》这个项目先让学生欣赏交响乐录像视频、各式西洋乐器、演奏人物动态，感受音乐之美，然后要求学生将自己对音乐的理解和感受，转化为有形的泥塑作品。泥塑的材料非常简单，但是泥塑的制作过程却比较复杂。学生们需要仔细地观察人物的动态、乐器的形态，然后用泥塑呈现这些内容。这个过程不仅需要学生具备很强的耐心和细心，也需要学生具备一定的美术基础和技能，同时，还要求学生具备一定的音乐知识，对音乐有一定的理解和感受。在这个项目中，学生们可以模拟乐器演奏的过程，并将自己的感受表现在泥塑作品中。

在制作泥塑《我们的音乐会》这个项目中，学生通过欣赏音乐会、分析音乐作品的特点与情感，来激发创作灵感。在课堂上，学生们将运用所学的泥塑技巧，以音乐会为主题，创作出自己的泥塑作品。他们可以选择自己喜爱的音乐家、演奏家的形象，通过泥塑将音乐中的情感表现出来。例如，学生可以塑造出一个优雅的钢琴家，手指灵活地在琴键上跳跃；亦或是一个激情四溢的小提琴手，弓弦之间散发出绚丽的音符。通过泥塑作品的塑造，学生们不仅可以表现音乐中的情感，还可以展示自己对音乐的理解和感悟。泥塑作品主题为"音乐会"，无疑是一件将绘画、雕塑、音乐等多种艺术形式融为一体的作品。在这件泥塑作品的创作过程中，学生不仅需要观察和感受音乐会的氛围，还需要运用自己的想象力和创造力，将音乐的旋律转化为泥塑的形态。他们需要仔细揣摩音乐家的动作和神态，精确地捕捉乐器的线条和轮廓，还可以将音符的跳跃与乐器的形态相结合，让泥塑作品能够展现出音乐的魅力和动感，这无疑是美术与音乐融合课程的又一次有益的尝试。

三、综合应用

案例一：创意美术"皮影戏"

皮影戏是一种传统的中国民间艺术形式，通过在光源下使用皮影来展现各种形象和故事情节。皮影戏创作首先需要制作好各种人物形象，这个过程需要悉心雕刻、细心制作。然后，配合相应的音乐和故事情节，用人物剪影的方式表现出来。这样，能够使观众更加深入地感受到故事情节，并产生强烈的情感共鸣。例如，以小说《白蛇传》为主题的皮影制作。在这个课例中，美术与音乐的融合是一种极富创造力和感染力的艺术形式，学生有机会通过创作与表演，将美术与音乐完美融合，展现出独特的美学魅力。在美术融合音乐课程中，以《白蛇传》中的人物故事为灵感设计皮影制作的方案，让学生通过创作与表演，将这个经典故事以独特的艺术形式呈现出来。在这个案例中，学生学习了皮影戏的基本知识和技巧。在皮影制作的过程中，学生不仅需要对人物形象进行切割和雕刻，还需要在皮影上添加细节和装饰。这就需要他们发挥自己的想象力和创造力，将故事中的人物形象通过皮影的形式生动地展现出来。这样学生们能够更加深入地理解故事的情节和人物的性格，从而更好地表达出对作品的理解和感受。在制作完成后，学生们开始进行表演。他们将自己制作的皮影放置在特制的幕布后面，利用灯光的照射，通过人物剪影，将故事中的情节和人物形象展现出来。在表演的过程中，学生们需要掌握合适的节奏，以及准确的动作，使观众能够更好地理解故事的情节和人物的内心世界。除了皮影表演，音乐是使整个作品更加生动的重要因素。音乐作为一种抽象的艺术形式，通过声音的变化和旋律的起伏，能够唤起内心深处的情感共鸣。在皮影制作课例中，音乐起到了画龙点睛的作用。戏中借助音乐教师巧妙的编曲和演奏，将白蛇的柔情与许仙的痴情完美地融合在一起。音乐的节奏与情节的发展相互呼应，让观者沉浸在故事的世界中。这种跨学科的融合不仅能够增加学生对美术和音乐的兴趣，还能够培养他们的创造力和表达能力。同时，通过表演的方式，学生们还能够锻炼自己的自信心和团队合作能力，提高他们的综合素质。该课例在传承和弘扬传统文化艺术方面，发挥了非常重要的作用，不仅是对传统文化艺术的保护和传承，更是对文化自信和自我认知的提升。

案例二：创意美术"面具舞会"

在美术融合音乐课程中，还可以进行一

些非常有趣的创意项目，比如面具舞会。在面具舞会项目中，学生可以考虑自己的喜好、个性，来设计并制作一个独一无二的面具。在设计面具的同时，学生需要考虑面具与整个舞会主题的契合和氛围的营造，还需要学习音乐的节拍和节奏，以及如何将音乐与舞蹈进行结合。这不仅可以帮助学生提高他们的音乐感知能力，还可以培养他们的舞蹈技巧和表演能力。在面具舞会的表演中，音乐起到了至关重要的作用，它不仅仅是背景音乐，更是表达情感、引导节奏、塑造氛围的关键因素。面具舞会的音乐可以是各种各样的曲风，比如悠扬的古典音乐、动感的流行音乐、神秘的民族音乐等，不同的音乐会带来不同的感受和情感。

学生面具舞会可以由美术和音乐教师共同策划，学生在美术课上设计制作面具，教师鼓励他们发挥自己的想象力，并引导他们制作出各种神秘而独特的面具。在这个过程中，学生不仅学会了如何运用各种美术技巧和材料装饰面具，还培养了自信和创造力，而音乐教师则为学生们选择与面具舞会主题相适应的音乐。当面具制作和音乐编排完成后，学生们戴着自己设计制作的面具，配合音乐的节奏开始他们的表演。他们的舞姿优美而流畅，充满自信和表达欲望。

案例三：创意美术"音乐绘本"

音乐绘本既包括了美术的表现形式，又融入了音乐的元素，使得这本绘本不仅仅是一本静态的图画书，更是一部音乐与画面相互交织的作品。在这个追求卓越的时代，创新教育理念的引入成为当务之急，而音乐绘本，也许可以为我们提供一种新的思路，这是一次别开生面的尝试，一次教育领域中的创新，也是一种独特的启发与沉浸式学习体验。

将儿童绘本故事与背景音乐相结合，给予了学生全新的感受与体验。绘本是孩子童年的启明灯，陪伴他们走过一段段心灵的奇旅。音乐则是儿童情感的表达方式，旋律的起伏与音符的跳跃，仿佛给予了故事更为生动的灵魂。当这两种表达形式融为一体，它们的碰撞迸发出的火花，将会给孩子们带来前所未有的愉悦与惊喜。在选择音乐时，应该注重体现儿童的活泼可爱和故事背后蕴含的温情。活泼欢快的音乐可以让孩子们感受到快乐与活力，而在故事背后蕴含的温情与感动中，柔和的音乐更能够引起孩子们内心深处的共鸣。音乐与故事的相得益彰，能为儿童创造一个充满想象力与情感的世界。

学前教育专业美术融合音乐教学，通过学生创作音乐绘本，将绘本故事与背景音乐相融合，为儿童创造出奇妙的视听盛宴。这样的课程不是一种简单的创作过程，是一种对于绘本故事的重新解读和呈现。学生们需要选择适合的儿童绘本故事，这要求他们对于绘本的故事情节和主题有着深入的理解和把握。接下来，学生开始进行手绘绘本的创作，他们用画笔将故事中的场景、人物和细节一一呈现在纸上，用巧妙的构图和细腻的表现力，让每一幅画都生动而有趣。然后，根据故事的情节和氛围，选择适合的背景音乐进行配搭。这个过程既考验他们对于音乐的理解力和欣赏能力，也要求他们能够将音乐与故事相结合，创造出一种独特的视听效果。在绘本的每一页，都会有一个小小的音符图案，提醒读者可以用手机扫描，欣赏与之配套的音乐，从而让绘本不再是静态的呈现方式，而是利用音乐渲染情境，把儿童带到特定情景中，激发他们的学习兴趣。

通过这样的创作过程，不仅能够锻炼学前教育专业学生的绘画创作能力，也能够使学生的创作思路更加宽广，更能够培养儿童的多元智能和创造力。绘本是儿童的第一本书，能够引导儿童进入一个奇妙的世界，培养他们的阅读兴趣和想象力。配上背景音乐的绘本，则能够让儿童更加沉浸于故事中，体验到绘本和音乐的双重魅力。

在美术与音乐融合教学的实践案例中可以看到，艺术融合教育是一种能够激发学生思维和创造力的教育方式。在这种教育方式下，学生能够自由发挥想象力和创造力，从而创造出更加独特、有个性的艺术作品。同时，这种教育方式也对学生的综合素质提出了更高的要求。学前教育专业的艺术教育不是为了单纯的培养艺术人才，而是为了培养全面发展的人才。因此，美术与音乐融合教学的实践意义非常重大。

第二十一章
职业院校学前教育专业美术与音乐融合教学存在的问题、启示与展望

第一节 存在的问题与实施建议

随着时代的发展和人们对综合素质教育的追求，美术与音乐融合教学已被广泛应用于学前教育领域。然而，不得不承认，职业院校学前教育专业美术与音乐融合教学中存在着一些问题。其首要问题是师资力量不足。美术与音乐都是高度专业化的学科，需要教师具备深厚的专业素养和教育教学能力。因此，职业院校应该加大对融合教育师资的培养力度，以确保教学质量和效果。其次，教材也是一个亟待解决的问题。由于学前教育专业美术与音乐融合教学的特殊性，现有的教材往往无法满足实际教学需求，这使得教师们在教学过程中感到困惑，无法准确把握教学重点和难点，从而影响了教学效果。另外，学前教育专业美术与音乐融合教学的实践环节也存在一定问题，其实践环节仍停留在传统的课堂教学模式中，这导致学生在课程实践中无法真正体验到美术与音乐融合教学的魅力，从而限制了他们在实践中的创新能力和综合素质的培养。

面对这些问题，有必要采取一系列的措施来改善职业院校学前教育专业美术与音乐融合教学的质量。首先，应该加大学前教育专业艺术师资的培养力度，帮助教师了解如何将美术与音乐有机地融合在一起，并通过示范教学和实践操作来提高教师的教学水平。此外，学校还应鼓励教师积极参加学术研讨会和教学交流活动，增加他们的专业知识和教学经验，从而为美术与音乐融合教学配备更加优秀的师资力量。其次，应该注重教材

的研发和更新。学前教育专业美术与音乐融合教学需要根据实际情况精心设计和编写教材,以满足学生的学习需求。同时,加强与艺术院校的合作,借鉴其先进的教学理念和方法,共同推动美术与音乐融合教学的发展。此外,美术与音乐融合教学的实施还需要加强与实践的结合。学前教育专业是实践性很强的专业,学生需要通过实践来巩固和运用所学的知识和技能。因此,应该积极开展实践教学活动,组织学生参观艺术展览、音乐演出等,与美术家和音乐家进行互动交流,提高学生的实践能力和艺术鉴赏能力。最后,职业院校学前教育专业美术与音乐融合教学的实施还需要加强评估和反馈机制。教学评估是教育质量保障的重要手段,可以及时发现问题,及时进行调整和改进。因此,应该建立健全的教学评估和反馈机制,定期对美术与音乐融合教学进行评估,收集学生和教师的意见和建议,并根据评估结果进行必要的调整和改进。

第二节 启示与展望

职业院校学前教育专业美术与音乐融合教学,既可以提高学生的审美能力和创造力,又可以激发他们的情感表达和交往能力。这种教学模式不仅可以丰富学生的学习体验,还能够促进他们综合素质的全面发展。

美术作为一种独特的艺术形式,可以通过视觉感知来激发学生的审美意识和想象力,而音乐则通过声音的变化和旋律的流动来传递情感和意义。将两者相融合,可以让学生更加全面地感受艺术的魅力,培养其艺术鉴赏能力和审美情趣。通过鉴赏美术和音乐作品,学生可以了解不同的艺术表现手法,培养自己对美的感知和理解能力。这种审美能力的培养不仅可以提升学生的艺术修养,还可以影响他们的日常生活和思维方式。美术和音乐都是一种创造性的活动,都需要学生通过自己的思考和表现来展示自己的个性和才华。美术作品需要学生从无到有,从构思到完成,通过绘画、雕塑等方式将自己的想法具象化。音乐作品则需要学生通过创作和表演来表达自己的情感和思想。美术与音乐融合教学可以为学生提供更多的创造性机会和空间,激发他们的创造力和想象力。美术与音乐融合教学可以促进学生情感表达和提高社交能力。美术和音乐作为一种情感表达的方式，可以帮助学生更好地表达自己的情感和想法。在融合教学中，学生可以通过合作创作和共同表演来实现情感的交流，培养与他人合作交流的能力，为未来就业和职业发展打下坚实的基础。

美术与音乐融合教学已经在一些职业院校的学前教育专业中得到应用和推广。然而，对于美术与音乐融合教学的发展与应用，还有许多值得探索和研究的问题。首先，如何更好地融合美术和音乐的教学资源和教学内容，以提高学生的学习效果。其次，如何培养学前教育专业教师跨学科教育与学科融合的能力，以更好地引导学生学习，让学生在学习中享受快乐与成长。再次，如何评价和评估美术与音乐融合教学的效果和成效，以及如何对学生的学习成果进行量化和评估。这些问题都需要我们进一步研究和探索，以不断完善和提升美术与音乐融合教学的质量和水平。

在未来的发展中，有理由相信，美术与音乐融合教学将会在学前教育专业中发挥更加重要的作用。美术与音乐融合教学对幼儿园教师的跨学科能力培养起到了积极的推动作用。通过美术与音乐的融合教学，不仅能够提高幼儿园教师的教学质量，更能够促进孩子们的全面发展。因此，应该充分认识到美术与音乐融合教学的重要性，加强对幼儿园教师的培训和支持，从而为孩子们提供更加丰富多样的学习环境。美术与音乐是幼儿园教育中不可或缺的重要组成部分，它们相辅相成，相互促进。美术能够激发孩子们的创造力和想象力，培养他们的观察力和表现力；音乐则能够培养孩子们的节奏感和专注力，提高他们的协调能力和表达能力。因此，美术与音乐融合教学对培养全面的素质人才起着重要的作用。职业院校应积极与幼儿园合作，开展美术与音乐融合教学的实践研究，探索出适合幼儿园的教学模式和教学资源。通过这些努力，将有助于提高幼儿园教师的教学水平和专业素养，从而为幼儿的成长和发展提供更好的教育保障。

现代教育要求幼儿教师具备多学科的教学能力，而美术与音乐融合教学则要求幼儿教师具备跨学科的教学能力。美术与音乐融合教学能够丰富幼儿园教育的内涵和形式。幼儿园教育需要满足孩子们的身心发展需求，提供全面的教育服务，而美术与音乐融合教学正是一种能够满足这种需求的教学方式。通过美术与音乐的融合，能够给孩子们创造一个丰富多彩的学习环境，当然教师还需要了解幼儿的认知和发展特点，根据幼儿的兴趣和能力设计合适的教学活动，让他们在快乐和积极的氛围中学习和成长。在这样的学习环境中，孩子们能够发展自己的创造力、想象力和表达力,同时也能够培养其合作精神和协作能力。这种全面的教育服务不仅能够满足孩子们的学习需求,还能够培养他们的综合素质,为他们未来的学习和生活打下坚实的基础。值得一提的是,随着科技的不断进步,虚拟现实技术在学前教育中得到了更广泛的应用。通过虚拟现实技术可以创造出更加生动、真实的学习环境,让孩子们身临其境地感受美术与音乐的魅力。同时,虚拟现实技术还能够提供个性化的学习内容和方式,以满足不同孩子的学习需求。因此,我们应该积极探索虚拟现实技术在美术与音乐融合教学中的应用,为幼儿园艺术教育的发展注入新的活力和动力。

后 记

学前教育专业美术与音乐融合教学研究领域的不断探索与实践，既是对教育理念的深化和升华，也是对学前教育质量的提升和创新。美术与音乐作为两门独特的艺术学科，各自具有独特的表现形式和教学方法，两者的融合能够创造出更加丰富多彩的课堂教学氛围，也给予了学生更加全面的艺术体验和教育启迪。美术与音乐跨学科教学不能只停留在教学内容的融合上，更重要的是在教学过程中共同交流、共同发展，以实现知识创新，培养学生的创新能力和综合素质。通过美术与音乐的融合，可以打破传统学科的界限，使学生在艺术创作中体验到无限的可能性。

在美术与音乐融合教学中，教师的角色尤为重要。教师不仅需要具备扎实的专业知识和艺术修养，还需要具备先进的教育理念和教学方法。他们应该充分了解美术与音乐的教育价值和意义，善于创造良好的教学环境，激发学生的学习兴趣和积极性。同时，教师还应该关注学生的个体差异，根据学生的特点和兴趣进行针对性的教学，要让不同的学生都有所收获，让所有学生都找到自己的价值。

然而，美术与音乐融合教学在实践中也面临着一些挑战和困难。比如：学前教育专业的艺术师资队伍需要加强跨学科教学的培训和研究，美术与音乐融合教学需要创新的教学策略和方法，美术、音乐教师需要共同设计和实施跨学科教学项目，学校需要为美术与音乐融合教学提供资源和支持。随着社会的发展和进步，人们对艺术教育的需求会越来越高，这也将为美术与音乐融合教学提供更多的机遇和发展空间。同时，随着科技的进步和教育理念的更新，美术与音乐融合教学的方式和方法也将会得到更多的创新和突破。美术与音乐融合教学的未来，让人充满信心和期待。

在教育的道路上，师者乃传道、授业、解惑者。美术与音乐融合教学需要一支高素质的教师队伍来支撑。展望未来，学前教育专业美术与音乐融合教学将迎来新的发展机遇。随着社会对学前教育的重视程度不断提高，学前教育专业将得到更多的投入和支持。同时，随着科技的不断进步，虚拟现实、增强现实等新技术将进一步应用到美术与音乐融合教学中，为学生们创造更加丰富多样的学习体验。职业院校学前教育专业美术与音乐融合教学是充满艺术之美的跨学科教学。它不是简单地将美术和音乐两个学科进行融合，而是通过创造性的教学方法和独特的教育理念，为学前教育专业的学生提供一种全新的教育方式。

作者简介

郭　敏

　　男，1977年生，浙江湖州人，艺术硕士。浙江省湖州艺术与设计学校美术高级讲师，美术学科带头人。中国文艺评论家协会会员，中国书法家协会会员，中国民间文艺家协会会员，浙江省书法家协会学术委员会委员，浙江省中职公共基础课艺术教研大组理事，浙江省美术家协会会员，湖州市文联第七届委员会委员，湖州市民间文艺家协会副主席兼秘书长，湖州市书法家协会主席团成员、学术与评论委员会主任，湖州市美术家协会理事，湖州市文艺评论家协会理事。

参考文献

[1] 张烨维.浅谈如何让音乐在美术课堂教学中发挥实效[J].职业.2014(09)

[2] 徐进妹.跳动的音符 灵动的课堂——谈音乐在美术课堂的催化作用[J].美术教育研究.2012(10)

[3] 曾慧.在美术教学中运用音乐 提高美术课堂教学效果[J].戏剧之家.2016(19)

[4] 顾洋.音乐在美术课堂教学中的妙用[J].科学大众(科学教育).2014(01)

[5] 张英.浅析艺术教育中音乐与美术的融合[J].大众文艺.2015(17)

[6] 刘承湖.跨多学科的美术教学探讨[J].中国校外教育:上旬.2016(S1)

[7] 边霞.生态式艺术教育的基本思想与实践探索[J].学前教育研究,2003(7)

[8] 尹少淳.文化·核心素养·美术教育:围绕核心素养的思考[J].教育导刊:上半月.2015(9)

[9] 刘丽云.从音乐与美术关系试谈艺术的相通性[J].教育实践与研究.2006(12)

[10] 李晓曼.浅析在教学实践中美术学科与其他学科有机融合的实现[J].中国校外教育.2014(26)

[11] 薛梅.浅谈美术课程改革的实践与探索[J].教育艺术.2010(04)

[12] 田鲁.论"通感"在美术教学中的运用[J].吉首大学学报(社会科学版).2002(04)

[13] 白雁.论音乐与美术之间的融合关系[J].重庆科技学院学报(社会科学版).2010(08)

[14] 肖艳莉.连接音与画的桥梁——谈音乐与美术教学的艺术交融[J].广西教育学院学报.2002(06)

[15] 王秀萍.艺术综合课程的综合原理[J].课程·教材·教法.2012(07)

[16] 董诞黎.课程整合[M].杭州:浙江大学出版社.2012

[17] 陈璞.最美,艺术课[M].北京:中国轻工业出版社.2011

[18] 王福阳.综合艺术课程与教学论[M].北京:高等教育出版社.2008

[19] 郑洪利,张驷宇,孙会扬."三方协同、四维一体"的学前教育专业人才培养模式的探索与实践[J].

中国职业技术教育.2017(26)

[20] 孔宝刚,张有根.高职学前教育专业教学做"三位一体"人才培养模式的构建[J].教育与职业.2016(24)

[21] 宋爱芬,史学武.对学前教育专业人才培养的思考——基于《专业标准》和"国考"的视角[J].教育导刊:下半月.2017(07)

[22] 芮建民.对教师专业发展共同体的探析[J].天津市教科院学报.2017(03)

[23] 刘素芹.高职院校科研共同体的构建——以上海工艺美术职业学院为例[J].创意设计源.2018(03)

[24] 邱德峰,李子建.教师共同体的发展困境及优化策略[J].河北师范大学学报(教育科学版).2018(02)

[25] 范国睿.教师共同体是真正的"教师之家"[J].中国民族教育.2016(04)

[26] 徐丽芳.基于教师专业发展的学习共同体的实践研究[J].华夏教师.2018(16)

[27] 钱丽丽.核心素养下高中美术课教学思考[J].美与时代(中).2017(03)

[28] 麻丽娟.美术综合课程教学探究[J].艺术教育.2013(11)

[29] 童安.破而后立——汉江师范学院五年一贯制学前教育专业课程体系的建设与思考[J].汉江师范学院学报,2018(6)

[30] 文萍,黄日健,佘雅斌.高职学前教育专业课程设置问题的调查分析——基于选择性教育理念的视角[J].教育导刊,2018(12)

[31] 李妍,张玲.基于岗位任职能力的学前教育专业课程设置研究[J].河北青年管理干部学院学报,2018(1)

[32] 刘顺松.新媒体在学前教育专业课教学中的应用研究[J].记者观察.2019(27)

[33] 彭飞.新媒体时代美术教育创新研究[J].大观.2021(01)

[34] 黄岩梅,郄瑞丽.新媒体视角下学前教育课程资源共享研究[J].教育理论与实践.2015(31)

[35] 周李哲.园校合作视阈下高职学前教育专业教师跨界教学团队的构建——以广西现代职业技术学院为例[J].广西教育.2019(39)

[36] 李凤艳.学前教育专业园校合作式实践教学研究[J].焦作师范高等专科学校学报.2016(03)

[37] 梁艳.学前教育专业的全程式"园校合作"模式初探[J].天津师范大学学报(基础教育版).2016(04)

[38] 李寒.职校音乐与美术在课堂教学中相互融合的探索[J].现代经济信息.2018(21)

[39] 张锦.观照生活:生态艺术教育课程的构建[J].教育参考.2016(03)

[40] 滕道明.提高中职学前教育专业教学质量的策略——从《中等职业学校学前教育专业教学标准(试行)》出版谈起[J].江苏教育(职业教育版).2015(10)

[41] 韩艳.浅谈以实践性为导向的"学前教育艺术课程考试改革"——以主题式艺术综合评价模式为例[J].国际公关.2020(10)

[42] 王丽君.卓越教师培养视角下学前教育专业美术类课程改革研究[J].科教导刊:中旬.2016(11)

[43] 赵红霞.学前教育专业艺术类课程体系的研究与实践[J].教育与职业.2012(05)